ख़ुशबू

मंज़रनामा

गुलज़ार

लिप्यन्तरण

कमल नसीम

राधाकृष्ण पेपरबैक्स

तरतीब : रामलखन मिश्र

पहला पुस्तकालय संस्करण
राधाकृष्ण प्रकाशन प्राइवेट लिमिटेड द्वारा
2011 में प्रकाशित

राधाकृष्ण पेपरबैक्स में
पहला संस्करण : 2023

राधाकृष्ण पेपरबैक्स : उत्कृष्ट साहित्य के जनसुलभ संस्करण

राधाकृष्ण प्रकाशन प्राइवेट लिमिटेड
जी-17, जगतपुरी, दिल्ली-110 051
द्वारा प्रकाशित

शाखाएँ : अशोक राजपथ, साइंस कॉलेज के सामने, पटना-800 006
पहली मंजिल, दरबारी बिल्डिंग, महात्मा गांधी मार्ग, प्रयागराज-211 001
1, अनमोल सोराबजी संतुक लेन, धोबी तलाव, मरीन लाइंस, मुम्बई-400 002
वेबसाइट : www.radhakrishnaprakashan.com
ई-मेल : info@radhakrishnaprakashan.com

विकास कंप्यूटर एंड प्रिंटर्स
ट्रॉनिका सिटी-201102
द्वारा मुद्रित

मूल्य : ₹ 199

KHUSHBOO
by Gulzar
Transcripted by Kamal Naseem

ISBN : 978-81-19092-68-0

गुलज़ार

गुलज़ार एक मशहूर शायर हैं जो फ़िल्में बनाते हैं। गुलज़ार एक अप्रतिम फ़िल्मकार हैं जो कविताएँ, कहानियाँ लिखते हैं।

बिमल राय के सहायक निर्देशक के रूप में शुरू हुए। फ़िल्मों की दुनिया में उनकी कविताई इस तरह चली कि हर कोई गुनगुना उठा। एक 'गुलज़ार-टाइप' बन गया। अनूठे संवाद, अविस्मरणीय पटकथाएँ, आसपास की ज़िन्दगी के लम्हे उठाती मुग्धकारी फ़िल्में। 'परिचय', 'आँधी', 'मौसम, 'किनारा', 'ख़ुशबू', 'नमकीन', 'अंगूर', 'इजाज़त'—हर एक अपने में अलग।

1934 में दीना (अब पाकिस्तान) में जन्मे गुलज़ार ने रिश्ते और राजनीति—दोनों की बराबर परख की। उन्होंने 'माचिस' और 'हू-तू-तू' बनाई, 'सत्या' के लिए लिखा—'गोली मार भेजे में, भेजा शोर करता है...'

कई किताबें लिखीं। 'चौरस रात' और 'रावी पार' में कहानियाँ हैं तो 'गीली मिट्टी' एक उपन्यास। 'कुछ नज़्में', 'साइलेंसेस', 'पुखराज', 'चाँद पुखराज का', 'ऑटम मून', 'त्रिवेणी', 'पाजी नज़्में' वगैरह में कविताएँ हैं। बातों-मुलाक़ातों की किताब 'बोसकीयाना' भी है। बच्चों के मामले में बेहद गम्भीर। बहुलोकप्रिय गीतों के अलावा ढेरों प्यारी-प्यारी किताबें लिखीं जिनमें कई खंडों वाली 'बोसकी का पंचतंत्र' भी है। 'मेरा कुछ सामान' फ़िल्मी गीतों का पहला संग्रह था, 'छैंया-छैंया' दूसरा। 'खराशें' नाट्य-पुस्तक है। 'मीरा', 'ख़ुशबू', 'आँधी' और अन्य कई फ़िल्मों की पटकथाएँ लिखीं। 'मंज़रनामा' सीरीज़ में सभी के मंज़र प्रकाशित हैं। 'सनसेट प्वॉइंट', 'विसाल', 'वादा', 'बूढ़े पहाड़ों पर' या 'मरासिम' जैसे अल्बम हैं तो 'फ़िज़ा' और 'फ़िलहाल' भी। यह विकास-यात्रा का नया चरण है।

बाक़ी कामों के साथ-साथ 'मिर्ज़ा ग़ालिब' जैसा प्रामाणिक टी.वी. सीरियल बनाया, कई अलंकरण पाए। सफ़र इसी तरह जारी है। चिट्ठी का पता वही है—बोस्कियाना, पाली हिल, बान्द्रा, मुम्बई।

कमल नसीम

कमल नसीम साहित्य और अनुवाद की दुनिया का सुपरिचित नाम हैं। उनकी पहली पुस्तक 'ग्रीस पुराण कथाकोश' हिन्दी अकादमी, दिल्ली के 'सर्वश्रेष्ठ साहित्यिक कृति सम्मान' से सम्मानित हुई। 'ग्रीक नाट्य कलाकोश', 'उर्दू साहित्य कोश', 'बृहद साहित्य कोश' उनकी महत्त्वपूर्ण पुस्तकें हैं।

उन्होंने बच्चों के लिए कविताएँ भी लिखीं। 18वीं-19वीं सदी के सात प्रतिनिधि शायरों के कलाम 'सतरंग' और ज़ोहरा निगाह की शायरी का सम्पादित संस्करण 'शाम का पहला तारा' शीर्षक से प्रकाशित हुआ।

उन्होंने ग्रीक नाटककार सोफ़ोक्लीज़ के तीन नाटकों—'राजा ईडिपस', 'ईडिपस एट कोलोनस', और 'एंटीगनी' का अनुवाद किया।

दीबाचा

जो नज़र आता है, उसे मंज़र कहते हैं और मनाज़िर में कही गई कहानी का नाम मंज़रनामा है। अंग्रेज़ी में इसके लिए दो अल्फ़ाज इस्तेमाल होते हैं। एक स्क्रीनप्ले है, दूसरा सिनेरिओ (Scenerio)। दोनों तक़रीबन एक-से हैं लेकिन स्क्रीनप्ले में 'डिज़ॉल्व' और 'कट' और दूसरी तकनीकी हिदायतें भी लिख दी जाती हैं, जो डायरेक्टर की मदद करती हैं। इसमें 'सेट' यानी 'महल वक़ू' और मंज़र का वक़्त भी दर्ज किया जाता है। (यानी मंज़रनामा सुबह, शाम, रात या दोपहर, किस वक़्त का है) ये तफ़सीलात डायरेक्टर के लिए तभी ज़रूरी होती हैं, जब वह स्क्रीनप्ले को फ़िल्माता है। वरना ये तकनीकी हिदायत पढ़ने में रुकावट पैदा करती हैं। इसलिए आम कारी के पढ़ने के लिए सिनेरिओ ही ज्यादा मौज़ूँ है, ताकि वह उसे एक नॉवल की सूरत बिना किसी रुकावट के पढ़ सके। इसी का नाम मंज़रनामा है।

अदब में मंज़रनामा एक मुकम्मिल फ़ॉर्म भी है। जिसकी पहली मिसाल जो मेरी नज़र में गुज़री, वह डी. सैका का मंज़रनामा 'अमरीका अमरीका' था। इस डायरेक्टर ने वह मंज़रनामा पहले लिखा, शाया किया और बाद में इस पर फ़िल्म बनाई। अदब में बहुत से मुसन्निफ़ हैं जो अपने नॉवल भी तक़रीबन मंज़रनामे की शक्ल में लिखते हैं। शरत्चन्द्र के बेशतर नॉवल इस फ़ॉर्म के बहुत क़रीब हैं।

ये मंज़रनामे पेश करने का एक मक़सद कारी को इस फ़ॉर्म से मुतारिफ़ करना भी है और दूसरे यह कि टी.वी. और सिनेमा से दिलचस्पी रखनेवाले शायक़ीन यह देख सकें कि नॉवल को किस तरह मंज़रनामे की शक्ल दी जाती है। मेरे लिए ये एतराफ़ करना ज़रूरी है कि मैं मंज़रकशी पर किसी महारत का दावेदार नहीं—कोई दूसरा

डायरेक्टर या मुसन्निफ़, हो सकता है मुझ से बेहतर मंज़रनामा तख़लीक कर ले।

मंज़रनामा का अन्दाज़े-बयान अमूमन ओरिजनल कहानी से अलग हो जाता है इसलिए वह अस्ल कहानी या नॉवल या सवानेह उमरी का Interpretation बन जाता है, जिसकी मिसाल चन्द मशहूर फिल्मों से दी जा सकती है जैसे 'अनारकली' और 'मुग़लेआज़म' एक ही ड्रामे को माखूज़ किए गए हैं। 'देवदास' जितनी बार बनी, और कई ज़बानों में बनी, उसका मंज़रनामा बदलता रहा। टी.वी. की आमद से मंज़रनामों की ज़रूरत में बहुत इज़ाफ़ा हो गया है। छोटे-छोटे अफ़सानों के मंज़रनामे भी लिखे जाने लगे हैं। अहमद नदीम कासमी, राजिन्दर सिंह बेदी, भीष्म साहनी, मुंशी प्रेमचन्द और दूसरे बेशुमार अदीबों के अफ़सानों पर काम हो रहा है। बहुत से सीरियल सीधे मंज़रनामों में लिखे जाते हैं। टी.वी. की फिल्मों के लिए चूँकि वक़्त की पाबन्दी (तवालत, Duration) का लिहाज़ रखना पड़ता है। इसलिए मंज़रनामों के लिए अक्सर अदब से लिए गए मशहूर अफ़सानों को कभी मुख़्तसर करना पड़ता है, कभी फैलाव देना पड़ता है।

मुझे उम्मीद है कि मेरी यह कोशिश दूसरों के लिए कारआमद साबित होगी और दूसरों के तजुर्बों से मुझे फ़ायदा होगा—कोई नई राह खुलेगी, कोई नई बात पैदा होगी।

ख़ुशबू

'ख़ुशबू' के बारे में ख़सूसी बात जो वाज़ेह कर देना ज़रूरी है, वह यह कि 'मंज़रनामा' शरतचन्द्र के पूरे नॉवेल पर मब्नी नहीं है। 'पंडित मोशाय' में प्लॉट बहुत लम्बा और पेचीदा भी है। लेकिन मुझे जिस बात ने बहुत ज़्यादा मुतासिर किया था वह बृन्दाबन और कुसुम का आपसी रिश्ता, जो रवायती कहानियों से बहुत अलग है। कुसुम की ख़ुद्दारी जो उसे बृन्दाबन से अलग भी रखती है, और जोड़े भी रखती है इसलिए कि वह उसका हक़ है। 'मंज़रनामा' के लिए मैंने कहानी का सिर्फ़ इतना-सा हिस्सा उठा लिया, कुछ नॉवेल के आग़ाज़ से, और कुछ आख़िर से !

'ख़ुशबू' नाम का भी बराहे-रास्त कोई ताल्लुक नॉवेल से नहीं है। जितेन्द्र ख़ुद इस फ़िल्म के प्रोड्यूसर थे। यह फ़िल्म उन्हीं के प्रोडक्शन हाऊस में बनी। मैं एक और फ़िल्म जितेन्द्रजी के साथ बनानेवाला था जिसका मरकज़ी किरदार अन्धा था। उसके लिए 'ख़ुशबू' नाम का इन्तख़ाब हुआ था। और उस कहानी के लिए मौज़ूँ था। लेकिन बाद अज़ाँ वह कहानी मंसूख़ कर दी गई ! लेकिन फ़िल्म का नाम सबको इतना पसन्द था कि तब्दील न हुआ।

—गुलज़ार

ख़ुशबू

1

गाँव का माहौल, कुआँ–जिस पर पंडित जी नहाने जा रहे थे, गाँव की औरतें कुएँ से पानी भर रही थीं। गाँव के अन्दर से आता हुआ कुंज, जिसके सिर पर टोकरी है, उसमें हर रंग, हर किस्म का माल था। बच्चों के लिए खिलौने और औरतों के लिए चूड़ियाँ, लाली, परान्दे, मेहँदी और पता नहीं क्या-क्या सामान। आवाज़ भी लगा रहा था :

''मेहँदी, कंघी, शीशा, चूड़ीवाला !''

रास्ते में पंडित जी मिले, उनसे राम-राम कहा।

''पंडित जी नमस्कार...!''

''नमस्कार...जीते रहो बेटे...''

कुंज आगे बढ़ गया। तभी कच्ची सड़क पर से एक लम्बी-सी कार तेज़ी से धूल उड़ाती आई। कुंज धूल की चपेट में आ गया।

''राम...राम...''

कुंज पीछे हटता गया, कार तेज़ी से आगे चली गई।

2

वही कार एक पुरानी सी हवेली के अहाते में आकर खड़ी हुई। एक नौजवान लड़का, सूट-बूट में, कार से निकला और हवेली के दरवाज़े पे जाकर 'डोरबेल' खोजने लगा। फिर कुछ सोचकर हाथ से थपथपाया। अन्दर से कोई खोलने नहीं आया, कई बार खटखटाने के बाद। फिर कुछ सोचकर पास के गमले से एक पत्थर उठाया और उससे दरवाज़े पे आवाज़ की। घर के अन्दर से एक नौकर सुनकर दरवाज़े पर आया और उस नौजवान आवाज़ को पहचान कर कहा :

''अरे छोटे साहब आप ?...न चिट्ठी, न पतरी और आप...''

''माँ कहाँ है ?''

''ऊपर उन्हीं के कमरे में...गाड़ी से सामान निकाल लाई... ?''

''पीछे डिकी में है...''

'डिकी' नौकर समझ नहीं पाया।

''गाड़ीमाँ नहीं है न का ?''

गुस्से से सुधीर बोला :

''स्टूपिड, गाड़ी के पीछे डिकी में...''

''हम समझ गए, आप चलो हम लेकर आते हैं।''

सुधीर माँ के कमरे की तरफ़ चला गया।

3

एक बूढ़ी-सी औरत बिस्तर पर लेटी थी। कुछ बीमार-सी लग रही थी। उसने सीढ़ियों की तरफ़ देखा और खुश हो गई।

''अरे बेटे तू आ गया।''

सुधीर क़रीब आया, उनके पैर छुए और पास ही बिस्तर पर बैठ गया।

''माँ...माँ तुम भी हद करती हो, कब से बीमार पड़ी हो, और अब जाकर ख़बर दी...?''

''कब कहाँ ? अबहीं कुछ दिन से तो बीमार पड़ी हूँ...''

''ओहो माँ, कम-से-कम मुझसे तो पूरबी मत बोला करो।...''

''नौकर-चाकरों से बात करते-करते आदत-सी पड़ गई है।''

''अच्छा एक काम करो...अपना सारा सामान बाँधो और चलो मेरे साथ—शहर—वहाँ चलकर मेरे साथ रहो।''

''न...न, हम न जाब। मैं नहीं जा सकती पुरखों का घर छोड़कर !''

''माँ, मैं ख़ूब समझता हूँ, तुम बहुत सख़्त बीमार हो, मुझे इसलिए ख़बर नहीं दी कि मैं तुम्हें शहर न ले जाऊँ।''

''तुम परेशान मत होवो बेटा।''

तभी नौकर सामान लेकर आ गया और दरवाज़े पर से ही बोला।

''वहीं गाड़ी में ही रहा साहब, ढूँढ़ लिया।''

सुधीर ने नौकर को बुलाया।

''अरे काका...''

"हाँ साहब..."

"माँ कब से बीमार है ?"

"साहब...पिछले मंगल से ताप चढ़ा रहे। सात दिन हुइ गवा।"

"इलाज किसका चल रहा है ?"

"फ़ज़लू हकीम है, उनका इलाज चल रहा था। अब लोग कहत हैं उनकी नज़र कमज़ोर हो गई है, नाड़ी भी नहीं देख सकते। इस खातिर लेखराज वैद का इलाज चल रहा है।"

"अरे तुम लोग मार डालोगे माँ को। माँ तुम फ़ौरन मेरे साथ चलो।"

"शहर-वहर मैं नहीं जा सकती, बेटा। यहीं ठीक हो जाऊँगी।"

"छोटे साहब—बादल गाँव में एक डॉक्टर आया है। उसकी बड़ी तारीफ़ सुनी है।"

"उसको क्यों नहीं बुलाया ?"

तभी माँ बोल पड़ी।

"झुम्मन ने कहा तो था। लेकिन मैंने ही मना कर दिया। क्या पता वह आएगा या नहीं !"

"आएगा क्यों नहीं ?"

"ऐसा ही सुना था—कि बड़ी भीड़ लगी रहती है उसके दवाख़ाने में—और वह कहीं आता-जाता भी नहीं।"

सुधीर ने यह सुनकर नौकर की तरफ़ देखा।

"नाम क्या है ?"

"बृन्दाबन साहब !"

4

बृन्दाबन डॉक्टर सुई लगाने की तैयारी कर रहा था—पास बैठे गाँववाले दो आदमी आपस में बात कर रहे थे :

"अरे भइया, हम भी ठन गए मनूलो के खेत में..."

"अच्छा !"

"उसकी मेड़ को तोड़-फोड़कर पानी खोल दिया।"

"बहुत अच्छा।"

"और फिर ऊ लाठी और कुल्हाड़ी चली भइया कि ख़ून-ख़ून हो गया।"

डॉक्टर अपना इंजेक्शन तैयार करके खड़ा उनकी बातें सुनने लगा।

"ई देखें, माथे पर चार इंची का घाव लगा है।"

डॉक्टर मरीज़ के पास आकर उसके हाथ पर से कपड़ा हटाने लगा।

"कपड़ा हटाओ..."

"सुई लगाओगे...?"

घबरा जाता है वह किसान—पास में बैठा दूसरा आदमी सुई लगाते देखकर डर गया।

"बस डॉक्टर, यही बात तुम्हारी भली नहीं लगती।"

"चार इंच का घाव खा सकते हो कुल्हाड़ी का—इतनी-सी सुई से डरते हो।"

डॉक्टर सुई लगाने लगा। किसान ने सफ़ाई में कहा :

"कुल्हाड़ी और लाठी की बात जानत हैं, पर ये छोटी-सी सुई ससुरी..."

डॉक्टर तब तक सुई लगा चुका। पास बैठा एक आदमी यह सब देखकर भाग गया।

"क्यों...दर्द हुआ क्या ?"

"नाहीं...हम तो मज़ाक करत रहे डॉक्टर साहब।"

तभी दस-बारह बरस की एक लड़की साड़ी पहने बोलती-बोलती डॉक्टर साहब के पास आई।

"मैं तो यह संसार छोड़ के चली ही जाऊँ तो अच्छा है। काशी जाके बैठूँ तो ही भला।"

डॉक्टर साहब ने थोड़ा सा मुस्कुराते हुए पूछा।

"अब क्या हुआ माँ...?"

"कहा था न, आकर पूजा का परसाद ले जाओ ? आख़िर मुझे ही भेजा न बड़ी माँ ने ? कितने सारे काम पड़े हैं—कौन करेगा सब—बताओ ?"

"मेरे भी इतने सारे काम पड़े हैं माँ, कौन करेगा ? तू करोगी ?"

दरवाज़े पर एक छोटा-सा लड़का चार-पाँच बरस का आया—उसने काली को पुकारा।

"ओ माँ—चल न बिल्ली पकड़ेंगे..."

"ठहर बाबा आती हूँ—एक तो इस लड़के ने मुझे बहुत तंग कर रखा है। लो परसाद लो।"

डॉक्टर ने थोड़ा-सा प्रसाद लिया। वहीं एक मरीज़ चरन से बोला।

"यह तुम्हारी माँ लगती है ?"

"चुप...यह तो बाबा की भी माँ लगती है।"

लोग हँस पड़े। तभी तेज़ी से सुधीर दाख़िल हुआ।

"एक्सक्यूज़ मी डॉक्टर, आप ही डॉक्टर बृन्दाबन हैं ?"

"जी..."

"देखिए मैं...सद्दीपुर से आया हूँ—यहाँ आस-पास में कोई टेलीफ़ोन भी तो नहीं है !"

"कहिए क्या काम है ?"

"मेरी माँ बहुत सख़्त बीमार है—मैं चाहता हूँ आप इसी वक़्त मेरे साथ चलकर उन्हें देख लें..."

"चलिए।"

डॉक्टर यह कहकर अपनी कुर्सी से उठा और अलमारी से कुछ दवाइयाँ निकालने लगा।

"अरे आप तो मान गए..."

"क्या मतलब...?"

"कि आप चल रहे हैं न...?"

"जी हाँ...अगर आप कहें..."

"जी मैं तो कह ही रहा हूँ—लेकिन—वो लोग कह रहे थे कि आप...मैं आपको वापस भी छोड़ दूँगा। मेरे पास गाड़ी है..."

"बस पाँच मिनट। एक दो मरीज़ हैं उन्हें देख लूँ।"

सुधीर के चेहरे पर ख़ुशी की चमक आ गई।

5

एक बड़ी-सी कोठी के बाहर सुधीर की गाड़ी खड़ी थी। डॉ. बृन्दाबन और सुधीर गाड़ी के पास आए तो गाड़ी के बोनट पर चरन लेटा हुआ था।

"क्या कर रहे हैं आप...?"

"हम भी चलेंगे..."

"हम काम से जा रहे हैं।"

"हम भी काम पर जाएँगे।"

"यह आपका बेटा है..."

"जी हाँ...बातों से नहीं लगता !"

डॉक्टर ने अपने बेटे को गाड़ी से उतारा और कुछ पैसे देते हुए कहा :

"चलो...यह लो...पतंग ले लेना..."

चरन एक तरफ़ हट गया और डॉ. बृन्दाबन सुधीर के साथ गाड़ी पर बैठ गए।

6

गाँव में एक पेड़ की छाँव में बैठा कुंज खिलौने बेच रहा था, जब चरन उसके पास आया और खिलौना माँगा और पैसे आगे बढ़ाए।

"हमको भी एक टक्की दे दो।"

"डॉक्टर बृन्दाबन के बिटवा हो का...?"

"हाँ..."

"का नाम है तुम्हारा...?"

"चरन, काहे पूछ-पड़ताल करत हो, टक-टक दो न..."

"कैसी ख़ूबसूरत देहाती बोलते हो...लो...एइसे बजाओ..."

कुंज ने टक-टक बजाकर बतलाई। चरन पैसे देने लगा है कुंज को तो पैसे नहीं लिये और कहा :

"हमको पैसे देते हो, अरे हम तुम्हारे मामा हैं, हम पैसे नहीं लेंगे..."

"तो फिर एक और दो न..."

"अरे भागो यहाँ से, नहीं तो तुम्हारे बाबा को बोल देंगे—भाग यहाँ से—एक और दो..."

कुंज हँस पड़ा। और अपनी फेरी की आवाज़ लगाई।

"मेहँदी, कंघी, शीशा, चूड़ी—अरे छोटा-बड़ा बूढ़ा-बूढ़ी..."

7

डॉ. बृन्दाबन सुधीर की माँ को देख रहा था।

सुधीर ने पूछा :

"क्या हुआ डॉक्टर साहब...?"

"घबराने की कोई ज़रूरत नहीं—कुछ दवाई यहाँ दे देता हूँ, बाक़ी दवाई दवाख़ाने से आकर ले लीजिएगा।"

तभी सीढ़ियों से एक ख़ूबसूरत-सी लड़की कमरे में आई और वहीं पलंग के एक कोने में खड़ी हो गई। सुधीर की माँ ने उससे पूछा :

"बहुत देर कर दी न।"

"मन्नू आई रही घरमाँ—उही के साथ रही—उई लिए देर हुए गई।"

"का कहत रही मन्नू...?"

"ऊ के ख़ूब चाव चढ़ा है बियाह का—दिन-रात बस लाड़-प्यार में लगी रहत है।"

डॉक्टर ने कुछ दवाई निकालकर सुधीर को दी।

"यह लीजिए दो गोली—एक अभी दे दीजिएगा, एक शाम को दे दीजिएगा..."

"जी हाँ..."

"मैं ज़रा हाथ धो सकता हूँ...?"

माँ ने उसी लड़की से कहा।

"कुसुम...ज़रा हाथ धुला दे डॉक्टर बाबू के..."

"जी..."

कुसुम ने पास ही पड़े पानी के जग को उठाया।

माँ ने कहा :

"यहीं बरामदे में धो लीजिए।"

डॉक्टर बरामदे की तरफ़ गया। कुसुम पीछे-पीछे पानी का जग लेकर पहुँच गई और हाथ धुलाने लगी।

तभी पीछे से सुधीर ने डॉक्टर को उसके नाम से बुलाया :

"Actually माँ को हुआ क्या है, डॉक्टर बृन्दाबन...?"

कुसुम 'डॉक्टर बृन्दाबन' सुनकर चौंक पड़ी और जग का पानी डॉक्टर के कुर्ते पर जा पड़ा।

सुधीर बोला :

"कुसुम—जाओ जल्दी से टॉवेल लेकर आओ।"

और कुसुम के हाथ से जग ले लिया।

"घर में कितने लोग हैं...?"

"कोई आठ-दस ! नौकर-चाकर हैं सब मिलाके।"

"माँ जी का कौन ख़याल रखता है...?"

"यही लड़की कुसुम, यहीं पड़ोस में रहती है, वही देखभाल करती है।"

सुधीर जग से डॉक्टर के हाथ धुलाता रहा।

"सबको टीके लगवा दो।"

"कोई छूत की बीमारी है...?"

"यक़ीनी तौर पर तो नहीं कह सकता, लेकिन यह शक है कि प्लेग होने के आसार हैं, मेरी डिस्पेंसरी में भी एक-दो केसेज़ आ चुके हैं।"

डॉक्टर यह कहकर कमरे की तरफ़ आया। साथ-साथ सुधीर भी। कुसुम हाथ में टॉवेल लिये खड़ी थी। सुधीर ने कहा :

"मैंने माँ को कितनी बार कहा, शहर चलते हैं। वहीं इलाज़ करवा लेते हैं–कितने अच्छे-अच्छे डॉक्टर हैं वहाँ !"

कुसुम डॉक्टर को टॉवेल दे रही थी। और एकटक देखे जा रही थी–जैसे बरसों बाद किसी को देखा हो, और उसे पहचानने की कोशिश कर रही हो।

"क्यों हमारे इलाज़ में कोई शक है...?"

"*(थोड़ा-सा हँसकर)* अरे वह नहीं, Not that."

"क्या नाम है तुम्हारा ? कुसुम ?...तुम भी टीका लगवा लो..."

डॉक्टर कुसुम का हाथ अपनी तरफ़ करता है तो क्या पाता है कि उसके बाजू पर गुदने से कुछ लिखा हुआ था और फिर उसको जलाकर मिटाया हुआ था। उसको देखकर डॉक्टर ने पूछ लिया :

"यह निशान कैसा है ? अपना नाम मिटाया था क्या ?"

यह सुनकर कुसुम की आँखें आँसुओं से भर गईं–और दूसरे पल अपना हाथ खींचकर कमरे से तेज़ी से निकल गई और सीधा अपने घर पहुँच गई। बचपन की वह याद उभर आई जब उसने अपने बाजू पर 'बृन्दाबन' का नाम गुदवाया था।

फ़्लैश-बैक A

कमउम्र एक लड़का और लड़की बैठे हैं और लड़की अपने हाथों पर बृन्दाबन का नाम गुदवा रही है।

फ़्लैश-बैक B

एक हवेली के बाहर का हिस्सा। एक बैलगाड़ी में एक लड़की दुल्हन बनकर बैठी थी और बृन्दाबन के पिता एक बूढ़ी औरत को डाँट रहे थे। वो औरत कुसुम की माँ थी।

"निकल जाओ यहाँ से—किसी लूले-लँगड़े के हाथ में थमा दो अपनी कुसुम को, ई उजड्ड गँवार से बृन्दाबन की शादी नाहीं हो सकत।"

"ऐसा न कहो—हमारी बेटी का जीवन बर्बाद हो जाएगा।"

ठाकुर साहब ने कुसुम की माँ को धक्का दिया और वह उस बैलगाड़ी के पास पहुँची जिस पर कुसुम बैठी थी लाल जोड़े में।

"ई रिश्ता तो वो दिन टूट गवा—जौन दिन कुसुम के बाप के ख़ून का इलज़ाम हम पर लगा दिया रहा—हाँ—बोल देत हैं, गरदन दबाय देब जो मुड़ के इस घर की तरफ़ देखा तो..."

फ़्लैश-बैक C

कुसुम दीये की लौ से अपने हाथ पर लिखा बृन्दाबन का नाम जला रही थी जब बूढ़ी माँ ने आकर उसे रोका :

"अरे ई का—पागल हो गई है का—काहे हाथ जरावत है—बेटी तुम्हारी भाग्ये में ही वह लिख दिया गया है तो फिर हाथ जलाने से क्या फ़ायदा !"

कुसुम माँ के कन्धे पर सिर रखकर रोने लगी।

"सबर...सबर कर..."

कुसुम अपने घर के छोटे से मन्दिर के सामने बैठी अपनी बचपन की यादों को हवा दे रही थी, कुछ देखकर, तभी किसी के बुलाने की आवाज़ आई। तभी मन्नू आ धमकी।

"कुसुम...अरे तू यह क्या कर रही है ?"

कुसुम के चेहरे को देखा जो आँसुओं से भीगा हुआ था। गोद में पड़े दुपट्टे को देखकर मन्नू ने पूछा :

"यह तेरी शादी का दुपट्टा है न, बचपन का...?"

"हाँ..."

कुसुम सब कुछ पास की अलमारी में रखने लगी।

"सुन...बृन्दाबन से मिली थी क्या...?"

"हाँ..."

"कहाँ...क्या बादल गाँव गई थी..."

"नहीं–चौधराइन के यहाँ आए थे–मुझे तो मालूम भी नहीं था–सुधीर बाबू ने उन्हें नाम से बुलाया था, तो पता चला था।"

"कोई बात हुई...?"

कुसुम ने न में सिर हिलाया।

"तुझे पहचाना...?"

"नहीं..."

मन्नू ने कुसुम का बाज़ू पकड़कर कहा :

"तो तू, यह निशान दिखा देती न। कैसे जलाया था उसका नाम..."

"देखा था–पहचाना नहीं..."

"लेकिन उसके सामने ही लिखाया था न बचपन में...?"

"उससे क्या होता है–मैं तो अपना पति मान के

बैठी हूँ–लेकिन उनके लिए तो मैं कुछ भी नहीं, कोई भी नहीं...''

इतना कहकर कुसुम फिर रो पड़ी। मन्नू उसे चुप कराने लगी।

''पागल हो गई है...छीः...छीः...''

8

शाम का वक़्त, कुसुम आँगन में लगी तुलसी की पूजा कर रही थी जब उसका बड़ा भाई कुंज घर लौटा। सिर पर बड़ा-सा टोकरा, जिसमें ढेर सारा सामान। कुसुम ने टोकरे को उतारने में हाथ लगाया। कुंज ने पूछा :

''क्या बात है, रसोई ठंडी दीख रही है।''

''हूँ...''

''चौधराइन के यहाँ नहीं गई क्या...?''

कुंज टोकरे के सामान को ढँकने लगा।

''गई थी...''

''बड़ी उदास नज़र आ रही है ! कोई बात हुई...?''

''नहीं...!''

कुंज हाथ-मुँह धोने के लिए चला गया और वहीं से पूछा :

''सुधीर आया है क्या...? मोटर दिखी थी मुझे आज...चौधराइन को लेकर शहर जा रहा है क्या...? लेखराज की जड़ी-बूटी खा के मरेगी वह भी...ले के जाने को नहीं कहा सुधीर ने ?''

कुसुम जो चौके में चूल्हे के सामने बैठी कुछ बनाने लगी थी, वहीं से जवाब दिया :

''कहा था...''

"फिर...? इलाज़ कराने वह शहर जा रही है क्या...?"

"डॉक्टर आए थे बादल गाँव से..."

"वह बृन्दाबन आया था...?"

"हूँ..."

कुंज वहीं चौके के पास गया जहाँ पर कुसुम बैठी थी...और वहीं बैठकर अपने हुक्के की चिलम में जलता हुआ कोयला भरने लगा और साथ-साथ बातचीत भी करता रहा।

"तुझे देखा उसने...?"

"हाँ..."

"पहचाना नहीं...?"

"पहचानेंगे कैसे...? कभी देखा थोड़े है।"

"तूने उसे कहाँ देखा है—पन्द्रह बरस के बाद वह आया है शहर से...तुझे कैसे मालूम कि वही है ?"

"सुधीर बाबू ने नाम से बुलाया था।"

"ओह...! अच्छा है बेटा उसका, बहुत अच्छी देहाती बोलता है, चरन नाम है उसका..."

यह सुनकर कुसुम ने कुंज की तरफ़ देखा।

9

डॉ. बृन्दाबन का बेटा चरन अपने घर में हाथ में एक गुड़िया लिये पिता के पास आया और कहा :

"बाबा...बाबा...इसके पेट में दर्द है।"

गुड़िया को हिलाने पर वह आवाज़ करती थी।

चरन ने कहा :

"देखा बोलती है।"

"तो हम क्या करें...?"
"इंजेक्शन दे दो न..."
"इंजेक्शन रहने दो...ऐसे ही सुला दो..."
"इसके पेट में दर्द है, सोएगी कैसे...?"
"ऐसा कर, माँ से कह, वह सुला देगी।"
"वह तो पूजा करती है..."
"मेरी माँ नहीं बे...! अपनी माँ से कह। काली है न। वह इसे सुला देगी..."

तभी बृन्दाबन की माँ हाथ में दूध का गिलास लिये आ गई। उसकी बातें सुनकर बोली :

"ला दे न...माँ ही ला दे न इसे...हम दोनों सुखी हो जाएँगे—आ बेटा ले..."

दूध का गिलास चरन को देने लगी...चरन ने उस गुड़िया को दादी माँ की गोद में रख दिया और फिर वही आवाज़ हुई—'चूँ...'

"अरे..."
"जब रोएगी, चुप करा लेना।"

चरन दूध का गिलास पीने लगा।

"अब, यह कहाँ से ले आया...?"
"मामा ने दी है...!"
"अच्छा मामा मिला है तुझे...पैसा-वैसा लेता नहीं। हर तीसरे-चौथे कोई खिलौना दे देता है।"

बृन्दाबन जो किताब पढ़ रहा था यह सुनकर माँ की तरफ़ देखा और पूछा :

"कौन है यह—मामा ?"
"कुंज है रे—"
"कुंज कौन...?"
"वह तेरा...कुसुम का भाई...!"
"भाई...?"
"वह थी न...बचपन में तेरी शादी की बात हुई

थी...जिससे...''

''नी...?''

''बचपन में तू उसे नी ही बुलाया करता था...''

''कुसुम नाम था उसका ? यहीं रहती है वह...?''

''नहीं...तेरा ब्याह टूट जाने के बाद...वे लोग सद्दीपुर जाकर बस गए।''

सोचते हुए डॉक्टर ने अपने आप से कहा :

''सद्दीपुर...कुसुम...आज जिस लड़की को देखा था...''

तभी काली नाम की लड़की, जिसके साथ चरन खेलता है और उसको माँ भी कहता है, आ गई।

''हाय राम...पता नहीं कब फ़ुर्सत मिलेगी...इन सब कामों से...अरे ! अभी तक लड़के ने दूध नहीं पिया।...''

''पी तो लिया...ले जा...''

चरन ने अपने हाथ का गिलास काली को दे दिया। काली उस ब्राह्मणी औरत की लड़की है जो उनके यहाँ खाना वगैरह बनाती है। काली कहती है :

''आप लोग तो ख़राब कर देंगे लड़के को...आ जा बेटा...''

चरन को लेकर काली चली गई और डॉक्टर बृन्दाबन की माँ बोल पड़ी :

''कैसा माँ-बेटे का प्यार पड़ा है इन दोनों में देखा ?...तेरी कुसुम भी छुटपने में यही करती थी।''

''कुसुम मुझे अपना बेटा कहती थी...?''

माँ सुनकर हँस पड़ी।

''नहीं रे...वह तो तुझे पति कहती थी...छह बरस

की थी...कहती थी तेरे लिए करवा चौथ का व्रत करेगी..."

यह सुनकर डॉ. बृन्दाबन के चेहरे पर एक सुर्खी उभर आई।

10

कुसुम और मन्नू दोनों सहेलियाँ गाँव की गलियों से निकलती हुई कहीं जा रही थीं...मन्नू का ब्याह बृन्दाबन के कम्पाउंडर से होनेवाला था। इसी को लेकर सारी बातें हो रही थीं।

"तेरी इच्छा यही है कि शरद पूर्णिमा में तू यहाँ नहीं रहेगी..."

"नहीं, बादल गाँव में रहूँगी न, अपने ससुराल में..."

"बस दो ही महीने रह गए हैं तेरे ब्याह को।"

"वह तो इसी महीने कह रहे थे, जब आए थे..."

"वह आए थे ?"

"हूँ !"

"तूने देखा उसे ?"

"लो...मैं तो मिली भी हूँ...कच्ची मढ़ी...वह जो खेतों के रास्ते में है...वहीं पर..."

"हाए...मुई तुझे डर नहीं लगता...अकेले चली गई थी..."

"बिरजू ने सन्देशा भेजा था तो चली गई।"

"तू तो नाम भी लेती है उसका..."

"तो क्या हुआ...तू भी तो लेती थी..."

"असली नाम थोड़े लेती थी...वे भी छुटपन में मुझे नी बुलाते थे...और मैं मिट्ठू..."

"अच्छा कुसुम...अब अगर तुझे वो लेने आएँगे, तो जाएगी उनके साथ...?"

"मैं क्यों जाऊँ..."

"तू पति भी मानती है और फिर भी..."

"मैं मानती हूँ, वो तो नहीं मानते..."

"तुझे कैसे पता है कि वो नहीं मानते..."

"मानते तो शादी क्यों करते...उस लड़की से—ऐसी गई-गुज़री थोड़े हूँ...सुहाग भी लूँगी, वह भी ख़ैरात में...मैं जाती हूँ।"

कुसुम अपने घर की तरफ़ मुड़ गई और मन्नू उसकी तरफ़ देखती रही और पीछे मुड़कर अपने घर की तरफ़ चल दी।

11

डॉ. बृन्दाबन साइकिल पर सवार होकर चौधराइन को देखने उसके घर पर आए। साइकिल पर उनका बेटा चरन भी था। साइकिल एक जगह खड़ी की और बेटे को वहीं खड़ा रहने को कहकर ख़ुद घर के अन्दर चले गए।

"तुम यहीं रहो, हम अभी आते हैं—ठीक से रहना।"

डॉ. ने अपना बैग साइकिल के कैरियर से उठाया और अन्दर जाने लगा। उसी वक़्त बेटे ने पीछे से आवाज़ लगाई।

"बाबा...बाबा यह गुलेल रह गई आपकी...!"

डॉक्टर हँस पड़ा और उसके हाथ से Stetho-scope लेकर अन्दर चला गया।

कुसुम सीढ़ियों से नीचे आ रही थी जब उसकी निगाह डॉक्टर पर पड़ी। डॉक्टर सीढ़ियों

से ऊपर चौधराइन के कमरे में जा रहा था।

एक पल को डॉक्टर ने वहीं सीढ़ी पर रुककर कुसुम से पूछा :

"सुनो, तुम कुंज की बहन हो...?"

"हूँ... !"

"तुम्हें याद है, मैं तुम्हें बचपन में क्या बुलाया करता था..."

कुसुम चुप रही।

"...मुझे पहचानती हो न... ?"

"जी...बहुत अच्छी तरह पहचानती हूँ।"

और इतना कहकर कुसुम सीढ़ियों से नीचे की तरफ़ चली गई।

डॉक्टर चौधराइन के कमरे में पहुँचा। चौधराइन बिस्तर पर लेटी थी, उठकर बैठने की कोशिश की।

"नमस्ते मौसी माँ..."

"नमस्ते...बेटा"

"लेटे रहिए..."

"ठीक है, बेटा।"

पास रखे स्टूल पर डॉक्टर बैठ गया। तभी दरवाज़े पर घर की एक दूसरी नौकरानी आकर खड़ी हुई। उसे देखकर चौधराइन ने पूछ लिया :

"कुसुम कहाँ है रे...?"

"नीचे है, हमका भेजिन हैं कोनो काम हो तो, हमका बताई दें।"

"काम हो जाए, तो भेज दो ऊपर।"

"शायद डर गई...कहीं टीका न लगा दूँ..."

"बड़ी अच्छी लड़की है बेचारी..."

"अच्छी है तो फिर बेचारी क्यों...?

"बेचारी नहीं तो क्या...बड़ी ज़िद्दी है मगर... बचपन में शादी हो के टूट गई थी...फिर ब्याह नहीं किया इसने..."

यह सुनकर डॉक्टर ने चौधराइन की तरफ़ देखा जैसे उसका दोष हो।

"बहुत समझाया, माँ ने, भाई ने, पर एक नहीं मानी..."

"क्या...शादी नहीं की उसने...?"

"होने को क्या–आज हो जाए–पर माने तब न– नहीं तो ऐसी लड़की के लिए वर की कमी है क्या..."

"लेकिन क्यों नहीं करती शादी...?"

"बस उसी को पति मानकर बैठी है–समझाते-समझाते माँ गुज़र गई–और भाई है कि वह ख़ुद भी शादी नहीं कर सकता, जब तक बहन का न कर दे कुछ...

डॉक्टर चौधराइन की बातें सुन रहा था। फिर कुछ सोचकर थर्मामीटर लगाया चौधराइन को।

12

कुसुम ने किचन की खिड़की से साइकिल पर बैठे चरन को देखा, जो साइकल की घंटी बजा रहा था। कुसुम उसके पास आ गई।

"तुम्हारा नाम चरन है न...?"

"नहीं..."

"तो..."

"मैं क्यों बताऊँ...?"

"अच्छा तो लड्डू खाओगे..."

"नहीं...!"
"क्यों..."
"बाबा...ने कहा है सबके हाथ का नहीं खाते।"
"सबके हाथ का थोड़े कह रही हूँ। अपनी माँ के हाथ का भी नहीं खाएगा...?"

कुसुम ने बहुत धीरे से पूछा—और चरन ने उसका जवाब ज़ोर से बोलकर दिया :

"तुम माँ थोड़े ही हो..."

कुसुम ने थोड़ा घबरा के और मुस्कुरा के चरन के चेहरे पर हल्की सी चपत लगाई और कहा :

"बदमाश...!"

13

डॉ. बृन्दाबन चौधराइन के कमरे में खड़ा दो पुड़िया दवाई की बना रहा था और चौधराइन से कह रहा था :

"ये दो गोलियाँ हैं...वह लड़की है न कुसुम उसे खिला दीजिए। टीका तो वह नहीं लगवाएगी लेकिन एहतियात बरतना ज़रूरी है।"

डॉक्टर ने अपना बैग बन्द किया और जाने को तैयार हो गया।

किचन में चरन बैठा कुसुम के साथ लड्डू खा रहा था...उसने पानी माँगा :

"पानी दो न।"
"और लड्डू नहीं खाओगे...?
"नहीं..."

कुसुम पानी लेने खड़ी हुई—गिलास में पानी भरा और चरन के पास आई।

"पहले माँ कहो, फिर पानी दूँगी।"

चरन ने हाथ बढ़ाकर गिलास लेना चाहा पानी का।

"पानी दो न ..."

"पहले माँ कहो फिर पानी दूँगी।"

कुसुम ने धीरे से कहा पर चरन माँ कहने को तैयार नहीं।

पहले पानी दो..."

पहले माँ कहो..."

चरन खड़ा हो गया और कुसुम के हाथ से पानी छीनने लगा।

"बोलो..."

"छोड़ो न..."

"नहीं छोड़ूँगी..."

"छोड़ती भी नहीं, पानी भी नहीं देती..."

"पहले माँ बोलो..."

दोनों में छीना-झपटी चलती रही। फिर एक पल को चरन ने मुँह चिढ़ाकर माँ कहा और भाग गया।

"माँ..."

कुसुम भी उठी पानी का गिलास लेकर, तो देखा वहीं किचन के दरवाज़े पर खड़ा बृन्दाबन यह सब देख रहा था। दोनों एक-दूसरे को देखते रह गए। कुसुम अपनी शरम छिपाने के लिए कहती है :

"वह पानी माँग रहा था।"

"लाओ मुझे पिला दो..."

कुसुम ने बृन्दाबन की तरफ़ गिलास बढ़ा दिया। डॉक्टर ने कुसुम की तरफ़ देखते हुए पानी पी लिया। फिर गिलास लेकर जैसे वह कुछ कहना

चाह रहा था—तभी चरन साइकिल की घंटी बजाने लगा और बृन्दाबन बग़ैर कुछ कहे वहाँ से चला गया। कुसुम गिलास को हाथों में लिये बृन्दाबन को जाते देखती रही।

14

बृन्दाबन अपने घर में माँ के सामने बैठा कुसुम के बारे में माँ से पूछ रहा था :

"कुसुम को इन सालों में तुमने कभी देखा है माँ...?"

"नहीं...तुमने देखा है...?"

"हाँ, सद्दीपुर गया था—चौधराइन के घर—चौधराइन बीमार है न—वहीं देखा उसे—मिला भी—बड़ी ग़रीब हालत में हैं वो लोग..."

"हाँ...कभी अच्छा खाता-पीता ख़ानदान था।"

"अच्छा—वह शादी क्यों टूट गई थी माँ...?"

"जमीनों के झगड़े पड़ गए थे बेटा, उसी दंगे-फ़साद में कुंज के पिता मारे गए—लोगों ने तेरे बाबूजी पर दोष लगा दिया—कुछ दिनों बाद तेरी जान की धमकियाँ मिलने लगीं हमें—इसलिए तुझे तेरे मामा के पास भिजवा दिया। बस इसी में शादी टूट गई—और वे लोग यहाँ से छोड़कर कहीं और चले गए—इसके कुछ साल बाद कुसुम की माँ फिर आई, कुसुम को छोड़ने,पर तेरे बाबूजी नहीं माने."

"सुना है बाबूजी ने बहुत बेज़्ज़ती करके घर से निकाल दिया था—उन्हें..."

"उनका गुस्सा जो था न वह—आगा-पीछा सब भूल जाते थे..."

बृन्दाबन उठकर खिड़की के पास जाकर खड़ा हो गया और बग़ैर माँ की तरफ़ देखे कहा :

"वह पिछला झगड़ा ख़त्म नहीं किया जा सकता माँ...?"

माँ ने एक बार अपने बेटे की तरफ़ देखा। बृन्दाबन ने फिर कहा :

"उस लड़की ने अभी तक शादी नहीं की।"

"क्या कह रहा है तू...?"

"ठीक कह रहा हूँ माँ—अभी तक उसी बचपन के रिश्ते को मानकर बैठी है।"

माँ बेटे की इस बात को सुनकर हैरान रह गई।

15

कुंज गाँव के रास्ते से आ रहा है। चरन उसके कुर्ते को पकड़े जैसे खींचता हुआ अपने घर ले जाना चाहता था। कुंज के सिर पर टोकरी थी और चरन से पूछ रहा था :

"अच्छा, बताओ तो सही क्यों बुलाया है माँ ने ?"

"माँ ने नहीं, बड़ी माँ ने...!"

"हाँ-हाँ,बहुत बड़ी माँ हैं, मगर बुलाया क्यों है...?"

"मुझे क्या पता—मुझसे बताती थोड़े है।"

"चल भाई—चल..."

16

डॉक्टर बृन्दाबन की माँ कमरे से पान का डिब्बा लिये हुए निकलीं, बरामदे से होते हुए आगे बढ़ीं

तभी कुंज और चरन आ पहुँचे। कुंज ने माँ जी के पैर छुए।

'पाँव लागूँ।''

''जीते रहो बेटा, जीते रहो...आओ बैठो।''

आँगन की सीढ़ियों पर नीचे कुंज बैठने लगा। माँ जी ने उसे ऊपर बैठने को कहा अपने बराबर।

''बस, मैं यहीं ठीक हूँ...''

''अरे ऊपर बैठो...''

''नहीं...नहीं...''

''क्यों रे कुंज, हफ़्ते में दो बार गुज़रता है गाँव से, और यूँ ही बग़ैर मिले चला जाता है।''

''बस वह...माँ जी, काम-धन्धे की जल्दी में निकल जाता हूँ ज़रा।''

''काम-धन्धा जो करता है, मुझे मालूम है—बच्चों को मुफ़्त में खिलौने बाँटता है, कमाई क्या होती होगी तेरी...?''

''कमाने के लिए अपना ही घर रह गया माँ...?''

तभी घर की एक नौकरानी गिलास में शरबत लेकर आ गई जो माँ जी ने अपने हाथ से कुंज को दिया। माँ ने चरन से कहा :

''तू जा...काली माँ के साथ खेल।''

''वह तो ख़तम...''

''ख़तम मतलब...?''

''यह तो कहती है, वह तो नदी में डूब के मर गई।''

''ऐसी बातें नहीं करते—चल ले जा इसे...''

नौकरानी ने हँसकर समझाया चरन को।

''वह मछियारों के जाल में फँस गई थी, वो उसे बचाकर ले आए हैं—चल मेरे साथ।''

यह सुन कुंज भी हँस पड़ा। नौकरानी चरन को गोद में उठाकर ले गई।

"कौन है यह काली ?"

"यह तारी है न ब्राह्मणी, घर में खाना पकाती है, उसकी बेटी है। इसी घर में पली है, इतनी घुल-मिल गई है चरन के साथ कि पूछो मत।"

"चरन भी तो बहुत प्यारा बच्चा है, माँ जी।"

"तू कब कोई बाल-बच्चे की ख़बर सुनाएगा हमें...?"

"अभी तो मैंने शादी भी नहीं की है माँ जी..."

"तो तू शादी कब करेगा..."

कुंज यह सुनकर थोड़ा संकोच में आ गया। क्या कहे, क्या न कहे, तभी माँ जी बोल पड़ीं :

"सुना है, तू बहन के लिए बैठा है।"

कुंज ने माँ की तरफ़ देखा। माँ ने फिर से कहा :

"देख बेटा, कुसुम अब तक कुँआरी बैठी है यह ठीक नहीं है।"

17

गुस्से से कुसुम उठी और 'कुँआरी' शब्द पर नाराज़ होकर अपने भाई से बोली :

"कुँआरी कहते हुए शर्म नहीं आई उन्हें ? और तुमने भी चुपचाप सुन ली उनकी..."

"पर वो तो यही मानते हैं न कुसुम, जब गौने से पहले रिश्ता टूट गया, तो फिर शादी कैसी ?"

"तुम भी यही मानते हो ? माँ भी यही मानती थी न ? जो मुझे लेकर गई थी उनके दरवाज़े तक...!"

‘‘नहीं, माँ तो नहीं मानती थी...लेकिन...’’

‘‘तुम तो यह भी भूल गए भैया कि कितनी बेज़्ज़ती की थी हमारी माँ की...’’

‘‘देखो कुसुम, अब पुरानी बातें खोदने लगेंगे, तो सुलह कभी भी नहीं हो सकती...’’

‘‘तुम्हें कहा किसने था, कि सुलह करने जाओ उनसे...’’

‘‘मैं कहाँ गया था ? उन्हीं ने बुलाकर बात छेड़ी।’’

‘‘हाँ, उन्होंने बुलाया और तुम चले गए—जैसे तैयार ही बैठे थे, इस घड़ी के लिए...’’

‘‘तो क्या करता...?’’

‘‘क्या ज़रूरत थी उस घर में जाने की...’’

‘‘लो—मैं कोई अपने लिए थोड़े ही गया था, तेरे लिए जाना पड़ा...’’

‘‘मेरे लिए उनसे भीक माँगने की कोई ज़रूरत नहीं।’’

‘‘तू तो समझती नहीं बात को...

‘‘मुझे समझने की ज़रूरत भी नहीं है, और तुम्हारी जो समझ-बूझ है, मैं जानती हूँ।’’

कुंज खाना खा चुका था। उसकी जूठी थाली उठाकर कुसुम अन्दर रसोई में जाती है।

‘‘जिसने दूध पिलाया, बस उसी की मूँछ लगा लेते हो। तुम वहाँ जाना छोड़ दो। और बहुत से गाँव हैं। एक बादल गाँव की फेरी नहीं लगने से हम भूखे नहीं मर जाएँगे।’’

‘‘तो तू चाहती है बस तेरा, हुकम मानकर चलता रहूँ।’’

‘‘गिलास दो...’’

‘‘छोटी है मुझसे पर हुकुम ऐसा चलाएगी...’’

‘‘गिलास दो न...’’

कुंज पानी पी रहा था।

"तुमसे बड़ा हूँ मैं। मेरी भी कुछ मर्ज़ी है।"

"बस उठो भैया, हाथ धो लो..."

कुसुम चली गई और कुंज उठ गया।

18

सुबह के वक़्त कुसुम नहा-धोकर खुले बालों में किचन से अँगोछे में कुछ बाँधते हुए बाहर आई और आवाज़ दी :

"भैया घर में कुछ नहीं है। आते हुए चक्की से आटा पिसवा लाना, मैं वहाँ से..."

देखा तो आँगन में कहीं भैया नज़र नहीं आए और जहाँ अपना खिलौनों का टोकरा रखते हैं, वह भी नहीं था।

"भैया...?"

इधर-उधर देखा तो सामने दरवाज़े से मन्नू दाख़िल हुई। हाथों में कुछ कपड़े थे।

"कुसुम...अरी का हुआ...क्या देख रही हो...?"

"भैया जाने कहाँ चले गए..."

"वे...वे तो फेरी पर गए हैं—अभी मैंने उनको देखा, घाट पर जाते हुए।"

"रोटी का डिब्बा तो यहीं पड़ा है—और बिना बताए कभी जाते ही नहीं..."

"तुमने फिर किसी बात पर डाँटा होगा..."

"नहीं तो—कोई बात भी नहीं हुई। तू कैसे आई ?"

"ये दो चादरें भिजवाई हैं न माँ ने, कढ़ाई के लिए..."

"और कितना कुछ ले जाएगी दहेज में ?...मुई..."

"यह लो, मैंने थोड़े ही कुछ कहा—खुद माँ ने ही तो कहा कि दो गिलाफ़, दो चादरें कढ़वा ले—कुसुम से !...ले..."

मन्नू ने कपड़ा कुसुम के हाथों में ठूँस दिया।

"और वह क्या देगा तुझे ? ठेंगा...!"

"ठेंगा क्यों—ये दिए थे न—कड़े शगुन के।"

मन्नू ने हाथ के कड़े दिखाए।

"सुनार से परखवा लेना, क्या पता सोना है कि पीतल ?"

"हूँ...ऐसा नहीं है मेरा बिरजू..."

"चुप मुई...बार-बार नाम लेती है उसका...बला पड़ेगी तुझ पर..."

"मेरी बला से, मैं चली..."

"इतनी जल्दी में क्यों है, क्या फिर वहीं जाना है कच्ची मेड़ पर उससे मिलने..."

मन्नू घर के बाहर दरवाज़े तक पहुँच चुकी थी। वहीं से जवाब दिया :

"हाँ..जाऊँ..."

हाँ कहकर मन्नू ने दरवाज़ा बन्द किया ही था कि दूसरे पल डॉक्टर बृन्दाबन की माँ चरन के साथ दरवाज़े पर नज़र आईं। उन्होंने कुंज को आवाज़ दी :

"कुंज—कुंज..."

कुसुम भाई का नाम सुनकर बाहर आई तो देखा दरवाज़े पर माँ जी और चरन खड़े हैं। कुसुम समझ नहीं पाई वो यहाँ कैसे आ गईं। मगर माँ ने पहचान लिया।

"कुसुम...?"

कुसुम ने आगे बढ़कर माँ को प्रणाम किया।

"माँ जी..."

"जीती रहो बेटी..."

चरन माँ जी के पीछे छिपा था। कुसुम ने पकड़ लिया।

"कहाँ छिप रहे हो जी—उस दिन तो भाग गए थे।"

कुसुम माँ और चरन को कमरे में ले गई।

"आप बैठिए माँ जी, मैं तकिया लगाती हूँ..."

कुसुम ने गाव-तकिया लाकर माँ जी के पास लगा दिया।

"क्या पिएँगी आप ? छाछ लाऊँ...!"

"नहीं बेटी, हम तो खाना ही खाएँगे, दिन में...! हम दिन यहीं काटने आए हैं..."

यह सुनकर कुसुम थोड़ा-सा घबड़ा गई। उसे मालूम था घर में कुछ नहीं है।

"मैं अभी आती हूँ..."

इतना कहकर कुसुम कमरे से निकल आई। उसी वक़्त बाहरी दरवाज़े से डॉक्टर बृन्दाबन भी अन्दर आए—कुसुम कुछ समझ नहीं पाई—डॉक्टर बृन्दाबन ने रस्मिया पूछा :

"कुंज भैया हैं...?"

"माँ जी अन्दर बैठी हैं..."

डॉक्टर बृन्दाबन कमरे की तरफ़ चले गए। कुसुम किचन में चली आई। उसकी समझ में नहीं आया कि क्या करे ? घर में मेहमान आए थे और उन्हें खिलाने के लिए कुछ नहीं था। आँगन की तरफ़ चरन आता हुआ नज़र आया। कुसुम ने चरन को आवाज़ दी :

"चरन—ऐ चरन..."

चरन चला आया।

"क्या है...?"

"तेरे बाबा हैं न..."

"कौन...?"

"अभी जो अन्दर गए हैं..."

"हाँ..."

"उन्हें यहाँ बुलाओ..."

"क्यों...?"

"उनसे काम है।"

"क्या काम है...?"

"कहा न उनसे काम है...।"

"हाँ मुझे मालूम है। पहले लड्डू देती हो, फिर पानी नहीं देती।"

कुसुम हँस पड़ी।

"अच्छा, मैं बाबा से कह देता हूँ।"

चरन लट्टू पर रस्सी चढ़ाता हुआ वापस कमरे में पहुँचा जहाँ पर बड़ी माँ और बृन्दाबन बैठे थे।

"कुंज कहाँ गया है...?"

"शायद बाहर गया है, बताकर नहीं गया।"

चरन दादी के पास आया।

"बाबा..."

फिर बृन्दाबन के पास आता है।

"बाबा, वह तुम्हें बुला रही है।"

"वह कौन...?"

"वह—वह कौन है ?"

चरन ने दादी से पूछा।

"ऐसा नहीं कहते बेटा...!"

माँ ने बृन्दाबन से कहा :

"जा...जा तुझे कुसुम बुला रही है।"

डॉक्टर जाने लगा तो चरन ने समझाया।

"जल्दी से माँ बोल देना। नहीं तो पानी नहीं

देगी।"

दादी ने पूछा :

"क्या...?"

"हाँ, मुझे एक दिन बोलती थी—माँ बोल नहीं तो पानी नहीं दूँगी।"

माँ और बृन्दाबन की नज़र मिली और उनके चेहरे पर मुस्कुराहट फैल गई।

रसोई के दरवाज़े की आड़ में बैठी कुसुम राह देख रही थी कि बृन्दाबन ने आकर पूछा :

"तुमने बुलाया मुझे...?"

"हाँ..."

"क्यों...?"

"अचानक आप लोग इस तरह चले आए हैं, भैया घर पर नहीं हैं..."

"कहाँ गए कुंज भैया...?"

"वह तो सुबह ही चले जाते हैं फेरी पर..."

"लेकिन आज तो उन्होंने ही बुलाया था..."

"भैया ने बुलाया...?"

"हाँ खाने पर बुलाया था, और कहा था, वह आज घर पर ही रहेंगे..."

कुसुम को हैरान देखकर बृन्दाबन ने पूछा :

"बताया नहीं कुंज भैया ने..."

"नहीं तो...! हाँ...शायद भूल गए..."

"कुछ मुश्किल हो तो मुझे बताओ मैं..."

"बाज़ार चले जाओ और कुछ सौदा ला दो। आज घर में कुछ नहीं है..."

बृन्दाबन कुसुम की तरफ़ ही देख रहा था।

"पैसे भी नहीं हैं मेरे पास। कुंज भैया की जेब में रखे थे, उनके साथ ही..."

"जिस अधिकार से सौदा लाने के लिए कहा है, पैसों की सफ़ाई देकर उसे कम मत करो..."

कुसुम ने नज़र उठाकर देखा।

"लाना क्या है...?"

"गाँव की चक्की यहाँ से दूर है, मैं वहाँ तक अकेले नहीं जा सकती..."

"मेरे साथ भी तो नहीं जा सकती—कहीं गाँववालों ने देख लिया तो..."

कुसुम बीच में बोल पड़ी।

"सब्ज़ी-तरकारी जो खाना हो, वो बाज़ार से ले आना, और पान ले आना, माँ जी खाने के बाद लेती हैं..."

"अच्छा... ।"

बृन्दाबन मुड़ा जाने के लिए तभी कुसुम पीछे से बोली...

"सुनिए..."

"कहिए..."

"माँ जी क्या कहेंगी—घर बुलाया था, खाने के लिए, और आप ही से कह रही हूँ कि..."

"घबराओ नहीं कुसुम, इतनी समझ मुझमें है—मैं माँ से कहके जा रहा हूँ कि चौधराइन को देखकर आता हूँ। बाहर गाड़ीवान है, सामान उसके हाथ भिजवा देता हूँ। ठीक है..."

कुसुम ने रज़ामन्दी में सिर हिलाया।

"मैं जाऊँ...?"

"कहीं सचमुच ही चौधराइन के यहाँ बैठ मत जाना, जल्दी लौटना, मुझे रसोई भी बनानी है।"

"जो हुकुम..."

बृन्दाबन वहाँ से गया तो कुसुम उसे जाते हुए देखती रही।

कुसुम जूठे बर्तन उठाकर रख रही थी। लगता था सभी लोगों ने खाना खा लिया है। कुसुम ने हाथ धोकर पान लिया और माँजी के पास आई और उनको पान पेश किया।

"पान माँ जी...!"

"अच्छा यह भी जानती है तू..."

"कोई सेवा नहीं कर सकी आपकी, रूखा-सूखा जो बन पड़ा..."

"न रे...बहुत अच्छा था—और अब तो तेरे हाथ का ही खाना होगा, जब तक बृन्दाबन के पिता थे, उनकी ज़िद चलती थी, अब बेटे की ज़िद आ गई है सो वो भी मान ली, क्या करें...!"

पास खड़ी कुसुम यह सुनकर थोड़ी-सी सहम गई—जैसे उनका मन नहीं है बिल्कुल, बेटे की ज़िद मान रही हैं। तभी भागता हुआ चरन दादी के पास आया और कहा :

"माँ—चलो न गाड़ी तैयार है..."

माँ जी खड़ी हो गईं, चरन ने पान का एक टुकड़ा मुँह में डाल लिया। माँ ने सोने के कंगन पल्लू से निकाले और कुसुम के हाथ में दिए। जैसे सब कुछ तय हो गया।

"ये लो, शगुन के हैं, बाकी बातें कुंज से कर लूँगी..."

और इतना कहकर वह वहाँ से चल दीं। कुसुम उन कंगनों और माँ जी को देखती रह गई।

रात हो चुकी थी। कुसुम ने लालटेन जलाई और उसको पास की खूँटी पर टाँग दिया, तभी कुंज भी सिर पर टोकरी लिये आ गया...दोनों ख़ामोश रहे...कुंज ही बोलता है, टोकरा उतारते हुए कुसुम ने हाथ लगाया।

"बहुत देर हो गई न आज ?...वह जनकपुर चला गया था मैं..."

कुसुम चुप ही रही।

"वापसी में मेघू की कश्ती में आना पड़ा।"

हाथ-पैर धोने के लिए जाता है।

"नदी में चलते-चलते दम फूल गया आज मेरा.."

कुंज सब कुछ घबराकर, डरकर बोल रहा था इसलिए ग़लत-सलत बोल रहा था, लेकिन कुसुम चुप थी। वह कुछ-न-कुछ काम करती जा रही थी। फिर उसके पास आकर अँगोछा रखकर चली गई, कुंज बोले जा रहा था :

"हाट लगी थी...वह हाट–बहुत बिक्री हुई, पैसे अच्छे मिले, तेरे लिए साड़ी लाया हूँ..."

कुसुम रसोई में खाना परोस रही थी। कुंज हाथ-मुँह पोंछता हुआ चारपाई पर आ बैठा और कुसुम वहीं खाना ले आई।

"कोई–आया-गया तो नहीं था घर में..."

पहली बार कुसुम कुछ बोली।

"हूँ..."

"नहीं...?"

"क्यों कोई आनेवाला था क्या...?"

"नहीं, वह सुबह मैं जल्दी चला गया था न इसलिए...!"

"डॉक्टर आए थे।"

"आँय...अच्छा..."

"माँ और चरन भी थे साथ में...कल बादल–बादल गाँव की तरफ़ जाओगे...?"

कुंज ने खाते हुए कहा।

"नहीं–सोचता तो नहीं था। तुम कहती हो... तो..."

"कल चले जाना..."

"बादल गाँव...?"

"हाँ..."

कुसुम ने पल्लू से बाँधे हुए शगुन के कंगन खोले।

"माँ जी के ये कड़े रह गए हैं—इन्हें वापस दे देना।"

वहीं चारपाई पर कुसुम ने कंगन रख दिए।

"रह गए मतलब...?"

"माँ ने स्नान करते समय उतारे थे। वहीं भूलकर चली गई—कल जाकर वापस कर देना।"

19

बृन्दाबन अपनी माँ से बात कर रहा था। डॉक्टर जानना चाहता है कि वो सोने के कड़े क्या कहकर दिए।

"कड़े तो तुमने दिए हैं माँ, लेकिन कुछ कहा भी, कुछ बताया भी कि क्यों दिए हैं कड़े..."

"इतनी बुद्धू नहीं है बटू गेरी। गँगनी के शगुन के लिए हमेशा कड़े ही दिए जाते हैं वह सब समझती है।"

"लेकिन तुमने कहा क्या ? ये लो कड़े..."

"नहीं रे...कहके आई हूँ कि कुंज को भेज देना मेरे पास, उससे बहुत विचार करना है मुझे..."

"तुम भी बड़ी होम्योपैथिक स्टाइल में बात करती हो माँ ! जहाँ इंजेक्शन देने की ज़रूरत थी, वहाँ पुड़िया देकर चली आईं, तुमने साफ़-साफ़ क्यों नहीं कह दिया, जो कहना था।"

"क्या कहती—ये ले कड़े और चल मंडप में..."

माँ यह कहकर हँस पड़ी।

"अरे—इतना उतावला क्यों हो रहा है—सुबह कुंज आएगा तो सब पता चल जाएगा..."

"वह बहुत अभिमानवाली लड़की है माँ—जिस तरह हम लोग उसे छोड़कर बैठ गए थे—पता नहीं मानेगी या नहीं..."

"छोड़ी हुई को पति वापस ले ले, इससे बड़ा मान और क्या मिलेगा किसी लड़की को—मैं जो फिर घर की बहू बना रही हूँ उसे, क्या छोटी बात है !"

बृन्दाबन माँ के इस तर्क से चुप हो गया मगर कुछ सोच रहा था।

20

बृन्दाबन का कम्पाउंडर दवाइयों की अलमारी से कोई दवा निकाल रहा था जब बृन्दाबन ने पूछा :

"बिरजू, ज़रा कुनैन की गोलियाँ देना वहाँ से...और वह मिक्सचर भी देना..."

बिरजू ने दोनों दवाइयाँ सामने लाकर रख दीं।

"यही चाहिए...?"

"हूँ...अरे हाँ। बिरजू वह हरिहर को दवाई दे दी ?"

"जी हाँ वह तो अभी लेकर गया है।"

वहीं बैठा एक मरीज़ बोल पड़ा :

"डॉक्टर साहब, आपके साथ रहते-रहते बिरजू आधा डॉक्टर हो गया है।"

"आधा क्या—यह तो पूरा डॉक्टर है..."

डॉक्टर ने बिरजू के सिर पर प्यार से हाथ फेरा।

"अगर यह न हो, तो मैं आधा हो जाऊँ !"

"बिरजू भैया...मेरी दवा दे दो।"

तभी दरवाज़े से कुंज आया और बृन्दाबन को हाथ जोड़कर नमस्कार किया।

"नमस्कार भाई साहब..."

"आओ कुंज भैया...आओ...बैठो।"

"यहाँ—नहीं भाई साहब नहीं, मैं यहाँ नहीं बैठूँगा, कहीं मुझे भी मरीज़ समझकर आपने सुई लगा दी तो मुश्किल हो जाएगी मेरी।"

डॉक्टर कोई दवा बता रहे थे, बोले :

"तो फिर मेरी कुर्सी पर बैठो न।"

"न बाबा, न, भगवान का नाम लो—मैं तो अन्दर जा रहा हूँ, माँ जी के पास ! बहुत ज़रूरी बात करनी है उनसे..."

"ठीक है, मैं भी चलता हूँ।"

फिर कुछ सोचकर।

"नहीं कुंज भैया, तुम ही जाओ, कहीं माँ यह न समझ बैठे, उतावला कहीं का—काम छोड़कर चला आया।"

"अच्छा मैं जाता हूँ।"

बृन्दाबन ने हाथ की दवाई मरीज़ को दे दी।

"यह लो..."

21

कुंज घर के आँगन में पहुँचा। रास्ते में चरन छोटीवाली साइकिल चला रहा था।

"मामा...मामा आ गए..."

"नमस्ते—नमस्ते बेटा—नमस्ते माँ जी...!"

माँ जी आँगन में पड़ी चारपाई पर बैठी पान लगा रही थीं, वहीं पास में काली भी खड़ी थी।

''प्रणाम माँ जी...''

''आओ...आओ कुंज—जीते रहो...''

''माँजी जल्दी से मुँह मीठा करा दीजिए—मैं बहुत अच्छी ख़बर लाया हूँ...''

''क्यों नहीं, क्यों नहीं, बैठो तो—काली, प्लेट में मिश्री डाल के इनके लिए ले आओ।''

''जल्दी से...''

काली के जाते ही कुंज माँ जी के और क़रीब आकर बैठ गया—और हँसते हुए पूछा :

''अच्छा माँ जी...''

हाथ में अँगोछे से कुछ निकालने लगा।

''एक बात बताइए, कल आप हमारे घर में क्या खोकर आईं...?''

''बेटा खो के आई हूँ...''

कुंज समझ नहीं पाया कि माँ जी क्या कह रही हैं।

''बेटा..? माँ जी मज़ाक मत कीजिए, सच बताइए।''

''अरे खोना क्या था, बेटा, कुछ पा के ही आई हूँ...''

''देखा, कितनी कमज़ोर याद है आपकी—जब आप स्नान करने गई थीं, तो क्या उतारकर रखा था...?''

माँ समझ नहीं पाई यह क्या कह रहा है।

''स्नान करने...?''

''हाँ...''

माँ फिर भी नहीं समझ पाईं।

''जब आप स्नान करने गई थीं तो कड़े उतार के रखे थे आपने...''

माँ समझ गई पूरी बात को।

"वह तो अच्छा हुआ—कुसुम ने सँभालकर रख लिए, घर में आते ही, सबसे पहली बात मुझसे यही कही, जा के माँ जी के हाथ में दे..."

वो कंगन कुंज ने माँ जी के हाथ में दिए। माँ के चेहरे पर एक गुस्सा उतर आया।

"लीजिए आप ही के हैं न..."

माँ कुछ कहना चाहती थी। जब किसी के आने की आहट सुनकर उधर देखा तो बृन्दाबन खड़ा उनकी बातें सुन रहा था—बृन्दाबन कुछ कहे बग़ैर वापस अपनी डिस्पेंसरी में चला गया।

22

चूल्हे की जलती हुई आग को बुझाने के लिए कुसुम ने पानी डाला, जैसे सारे रिश्ते जो अभी तक बने थे डॉक्टर बाबू से, सब जलकर ख़ाक हो चुके। या उनमें जो अभी तक आग बनी हुई थी, उसे कुसुम ने आज बुझा दिया।

23

कुसुम सूप से कुछ पछोर रही थी—पास में मन्नू बैठी थी जो उसकी बीती सुन रही थी।

"कोई रास्ते में थोड़ी बैठी हूँ—जब जी चाहेगा रख जाएँगे, जब जी चाहेगा ले जाएँगे, सब कुछ उन्हीं की मरज़ी से होगा—मैं कुछ भी नहीं ?"

यह कहते-कहते वह रो पड़ी।

"कोई भी नहीं...एक बार भी यह नहीं पूछा, इतने

बरस कैसे काटे हैं मैंने ! कैसे जीती रही हूँ मैं, कैसे मरती रही हूँ मैं, उनका जी चाहा तब ब्याह तोड़ दिया, उनका जी चाहा तो दूसरी शादी कर ली जा के, उनका जी चाहा तो, अब चलने के लिए कह दिया, जैसे कुछ हुआ ही न हो, जैसे मैं कोई भिखारिन हूँ रास्ते की...''

कुसुम की हिचकी बँध गई। मन्नू उसे चुप कराने की कोशिश करती रही।

''कुसुम...नहीं...नहीं...''

24

बृन्दाबन घर में आया तो देखा माँ के हाथ में चिट्ठी है। पास में खड़े मुनीम जी को दे रही थीं—बृन्दाबन ने पूछा :

''किसे चिट्ठी लिख रही हो माँ...?''

''मोहन बाबू को...! याद है उनकी लड़की का रिश्ता आया था तेरे लिए...?''

बृन्दाबन कुछ नहीं बोला। बस एक बार मुनीम जी की तरफ़ देखा। माँ ने मुनीम जी से कहा।

''मुनीम जी...''

''जी...''

''यह चिट्ठी डाल दीजिए...''

जी अच्छा...!''

फिर माँ ने बृन्दाबन की तरफ़ देखा और कहा :

''अच्छी लड़की है—तू भी जानता है उसे !''

मुनीम जी चले गए—बृन्दाबन ने कहा :

''हाँ, जानता हूँ लेकिन...''

''लेकिन क्या...?''

माँ गुस्से में आ गई।

"कुसुम नहीं मानेगी तो क्या इस घर को बहू नहीं मिलेगी ?"

"माँ शादी ज़िद की बात नहीं..."

"मैं जानती हूँ। इसीलिए कुसुम के लिए ज़िद नहीं कर रही हूँ। संजोग की बात है, जहाँ संजोग होंगे, वहीं हो जाएगी शादी...!"

इतना कहकर माँ अपने कमरे की तरफ़ चली गई। बृन्दाबन वहीं खड़ा रहा।

25

कुसुम हाथ में ताँबे का घड़ा लिये नदी पर पानी भरने जा रही थी, तभी उसने दूर से देखा बृन्दाबन अपने बेटे चरन के साथ घाट पर से आ रहे थे। कुसुम कुछ सोचकर वापस मुड़ गई। घर की तरफ़ मुड़ते ही मन्नू मिल गई। वह भी नदी पर पानी भरने जा रही थी—मन्नू ने पूछा :

"अरी—तू कहाँ से आ रही है...?"

"नदी पर से..."

"पानी लाने गई थी ?"

"हूँ..."

"और लाई क्या है—ख़ाली कलसी..."

उसकी ख़ाली कलसी को बजा दिया।

"तुझे हुआ क्या है री...?"

"वो आ रहे थे न, नदी पर से—इसीलिए चली आई।"

"सुना है, गाँव में भी दवाख़ाना खोल रहे हैं डॉक्टर बाबू।"

"नहीं तो—तुझे किसने बताया...?"

"माँ कह रही थी कि चौधराइन ने बाज़ार के पीछेवाला मकान खोल दिया है उनके लिए—गाँव के लिए तो अच्छा ही है—लेकिन तेरे लिए बहुत तकलीफ़ होगी..."

"मेरे लिए अब क्या रह गया है !"

"लोग तो अभी से कह रहे हैं—बृन्दाबन दवाख़ाना तेरे लिए ही खोल रहे हैं।"

"क्यों—इतने बरसों से लोग नहीं जानते कि मैं छोड़ी हुई हूँ..."

"उस दिन बृन्दाबन तेरे घर आए थे न—वह देखा है लोगों ने..."

"कितनी बड़ी आँखें हैं लोगों की ?"

रास्ते पर से चरन और डॉक्टर गुज़र गए। बृन्दाबन ने दोनों सहेलियों को देखा ज़रूर पर चुपचाप अपनी राह पर चलता रहा। चरन धीरे से उन दोनों के पास आ गया और कहा :

"ऐ...माँ कहूँ तो लड्डू दोगी...?"

कुसुम हँस पड़ी। दूर से उसके पिता ने बुलाया।

"चरन...! चलो बेटे, तंग मत किया करो लोगों को..."

कुसुम ने मन्नू से कहा :

"मन्नू तू कह दे न...बाद में आ जाएगा।"

"डॉक्टर बाबू इसे छोड़ जाओ न। हम बाद में पहुँचा देंगे।"

"देर मत करना—मैं शायद जल्दी लौट जाऊँ।"

इतना कहकर डॉक्टर बाबू गाँव की तरफ़ चल दिए। कुसुम ने चरन से पूछा।

"नदी पर चलेगा मेरे साथ...? नहाने...?"

"तुम भी नहाओगी...?"

"ऊँ हूँ–तुझे नहलाऊँगी।"
"अच्छा चलूँगा..."

26

मन्नू घड़े को बजाने लगी जो उसके हाथ में था और गाने लगी :

"बेचारा दिल क्या करे...
सावन जले, भादो जले
दो पल की राह नहीं
इक पल रुके इक पल चले
गाँव-गाँव में घूमे रे जोगी
सब के दर्द हरे
मेरे ही मन का ताप न जाने
हाथ न धरे...
बेचारा दिल क्या करे
सावन जले, भादो जले

"तेरे वास्ते लाखों रास्ते
तू जहाँ भी चले
मेरे लिए हैं तेरी ही राहें
तू जो साथ दे...
बेचारा दिल क्या करे
सावन जले, भादो जले
दो पल की राह नहीं
एक पल रुके एक पल चले।"

दोनों सहेलियाँ मिलकर चरन को नदी में नहलाती रहीं।

कुसुम चरन के कपड़े सूखने के लिए रस्सी

पर टाँग रही थी, और पास ही में चारपाई पर बैठा चरन नंगे बदन कुछ खा रहा है—तभी कुसुम ने पूछा :

"चरन आज अपने आप कैसे माँ बुलाया तुमने ! उस दिन इतना कहा था..."

"बाबा ने कहा था कि तुम छोटी माँ हो..."

"बड़ी माँ कौन है...?"

"वह उस दिन आई थीं, पान खाया था। अब मैं काली को भी माँ नहीं बुलाऊँगा..."

कुसुम कपड़े फैलाती रुक गई।

"काली कौन...?"

"वह जो हमारे गाँव में एक लड़की है, उसके लिए बाबा कहते थे, वह मेरी माँ लगती है।"

कुसुम सोच में पड़ गई—चरन लड्डू खाता रहा—तभी बाहर कुंडी की आवाज़ आई, कुसुम ने जाकर दरवाज़ा खोला, बृन्दाबन सामने खड़े थे।

"चरन कुछ खा ले और अभी तक कपड़े भी नहीं सूखे उसके।"

"क्या हुआ कपड़ों को...?"

"नदी में नहाने गया था।"

"ओह—खा ले तो ऐसे ही भेज देना..."

कुसुम घर के अन्दर थी और बृन्दाबन दरवाज़े के बाहर खड़े थे।

"सुखाने की ज़रूरत नहीं है—मैं बाहर गाड़ी में बैठा हूँ..."

"आप तो नाव से आए थे...?"

"हाँ, मैं डेरा गया था नाव से—इसलिए गाड़ी यहाँ मँगवा ली थी।"

"अन्दर आ के बैठ जाओ, जब तक चरन तैयार

होता है।''

''नहीं, मैं बाहर ही ठीक हूँ...''

''तो क्या अच्छा होगा—चार आदमी घर के बाहर बैठे देखेंगे ?''

''घर में जाते देखेंगे चार आदमी तो क्या ज़्यादा अच्छा होगा ?''

''देखो, यहाँ दरवाज़े पर खड़े मैं तुमसे बातें करती हूँ, यह भी कोई अच्छा नहीं लगेगा, अन्दर आ के बैठ जाओ...''

इतना कहके कुसुम घर में चली गई। दरवाज़े पर खड़े बृन्दाबन ने कुछ सोचा, फिर अन्दर आ गया और जहाँ चरन चारपाई पर बैठा लड्डू खा रहा था, वहीं पास ही में बृन्दाबन भी बैठ गया।

चरन ने पूछा :

''बाबा लड्डू खाओगे...?''

''यह क्या पहलवानजी...''

चरन अँगोछा बाँधे बैठा था।

''गमछा-वमछा डालकर बैठे हैं...''

''नदी पर नहाने गया था बाबा, बहुत मज़ा आया। कल से आप भी गमछा लेकर आना, नहाने जाएँगे।''

तभी कुसुम पानी और कुछ मिठाई लेकर आ गई डॉक्टर बाबू के लिए। बृन्दाबन ने पूछा—

''कुंज भैया कहाँ गए हैं ? फेरी पर...''

''नहीं शहर गए हैं...''

''शहर क्यों...?''

''जाते हैं महीने-दो महीने में सामान लाने...''

''हूँ—यह रोज़-रोज़ की आदत मत डालो चरन को, बाद में तंग करेगा...''

''तंग करेगा तो मेरे पास भेज देना...''

कुसुम दरवाज़े की टेक लगाकर बृन्दाबन के पीछे खड़ी बात कर रही थी।

"यह तुम्हें माँ बुलाने लगा है–बाद में ज़िद करेगा तो क्या समझाऊँगा...?

पल-भर की ख़ामोशी को तोड़ते हुए कुसुम कहती है :

"माँ ला देना..."

डॉक्टर ने कुसुम की तरफ़ देखा।

"एक मैं ही तो नहीं–जिसे माँ कहता है चरन–"

"और कौन है...जिसे चरन माँ कहता है ?"

"वह एक है न, बादल गाँव में..."

"बादल गाँव में...?"

"काली...?"

"आँय..."

बृन्दाबन हँस पड़ा।

"तो सब बता दिया इस बदमाश ने..."

"बताएगा क्यों नहीं..."

"इसने यह नहीं बताया कि वँह है कौन...?"

"ज़ात तो मिलती है !"

"हाँ ज़ात-पात मिलती है–और लड़की है भी ख़ूबसूरत–गोरी-चिट्टी और ज़बान भी मीठी है, लेकिन..."

"लेकिन..."

"लेकिन उमर की बहुत कम है बेचारी–दस, ग्यारह बरस की होगी, चरन की हमउम्र है, इसके साथ खेलती है..."

"मुझे क्या मालूम था। चरन ही कह रहा था कि वह उसे माँ कहता है।"

"विश्वास भी एक बड़ी चीज़ है, अगर हो मन में।"

"हाँ–विश्वास ही तो था–जो शहर जाकर–शादी

कर ली।"

यह सुनकर बृन्दाबन एक पल को चुप हो गया और फिर कहना शुरू किया—चरन जो पास बैठा था उठकर कभी का चला गया, उन लोगों को पता ही नहीं चला...बृन्दाबन बताने लगा :

"हाँ, इसके लिए मैं दोषी ज़रूर हूँ—लेकिन वह शादी कैसे की मैंने अगर तुम जानतीं, तो शायद इतना दोष नहीं देतीं—बिल्कुल निर्दोष तो नहीं हूँ—लेकिन दोष इतना बड़ा नहीं जो—माफ़ भी नहीं किया जा सके—कम-से-कम जब कमला नहीं है इस दुनिया में।"

"डॉक्टरनी थी...?"

"नहीं, वह शहर की भी नहीं थी..."

"फिर कौन थी...?"

"आसाम की तरफ़ एक गाँव है—अनखाना—वहाँ की रहनेवाली थी—मैं अपने एक दोस्त के साथ गया हुआ था। अजीब सफ़र था—शिकार का बहुत शौक था उसे। ऐसे घने अँधेरे जंगल कि दिन में भी हम एक-दूसरे का चेहरा देख नहीं पाते, भटकते हुए जब उस जंगल से गुज़रे तो एक गाँव में जा पहुँचे—वही अनखाना !—पता नहीं मेरे दोस्त को कैसे ख़याल आ गया कि वहाँ उसके दूर-दराज़ के फूफा रहते हैं—हम उनके यहाँ जा पहुँचे।"

फ़्लेश बैक

एक पुराना-सा टूटा-फूटा मकान, एक ख़ूबसूरत-सी लड़की कुएँ से पानी भर रही थी। बृन्दाबन अपने दोस्त के साथ उस घर में पहुँचे। बृन्दाबन

के हाथ में बन्दूक थी। वह लड़की उनके पास आई तो दोस्त ने पूछा :

"जी वो रामभजन जी यहीं रहते हैं ?"

एक पल वह लड़की उन दोनों लोगों को देखती रही। दोस्त ने फिर पूछा :

"रामभजन जी...?"

कुछ सोचकर लड़की ने हाँ में सिर हिला दिया।

"हाँ..."

"मैं विनोद हूँ—वो दूर के रिश्ते में मेरे फूफा लगते हैं..."

"वो नहीं हैं—उन्हें गुज़रे बहुत साल हो गए हैं—दस से ऊपर..."

दोनों दोस्तों ने एक-दूसरे को देखा।

"ओह..."

तभी घर के अन्दर से किसी बूढ़ी औरत की आवाज़ आई जो कमला को नाम से पुकार रही थी।

"...लक्खी रे !"

"आई नानी...!"

उनकी तरफ़ देखकर कमला ने कहा :

"आप लोग अन्दर बैठें—पानी-वानी पिएँगे...?"

"पानी तो पिएँगे..."

दोनों दोस्त भी अन्दर आ गए। फिर नानी की आवाज़ आई।

"अरी लक्खी री..."

कमला तेज़ी से घर के अन्दर भागी। घर की ख़स्ता हालत देखकर बृन्दाबन बोला :

"यह तो भूतिया घर लगता है यार..."

"यार भूत इतने ख़ूबसूरत होते हैं मुझे नहीं मालूम था।"

अपनी बन्दूक वहीं दीवार के सहारे रखकर बृन्दाबन ने कहा :

"सब माया है प्यारे माया—इल्यूज़न, सब कुछ नज़र आता है, छूकर देखो कुछ नहीं—वायु..."

"अब के आए तो छूकर देखूँ ?"

"हाँ...झापड़ पड़ा तो समझना ज़िन्दा है—नहीं पड़ा तो—वायु..."

तभी ज़ोरों से खाँसने की आवाज़ आई। दोनों दोस्त ऊपर देखने लगे—ऊपर एक कमरा था जिसकी खिड़की उनको नज़र आ रही थी।

28

उस टूटे-फूटे मकान के ऊपरवाले कमरे में एक पागल-सी बूढ़ी औरत खाँस रही थी—कमला आकर उसे पानी पिला रही थी।

"लो...पानी..."

बूढ़ी औरत को कमला ने उठाया, तो औरत ने पूछा :

"कहाँ घूमती रहती है दिन-भर, कितनी बार तुझसे कहा जब बाहर जाए तो कुंडी मत लगाया कर, किवाड़ में—बाबू आएगा—तो किवाड़ कौन खोलेगा...?"

दोनों दोस्त नीचे खड़े उनकी बातें सुन रहे थे। विनोद ने दोहराया।

"बाबू...?"

बृन्दाबन ने पूछा।

"वह कौन...?"

"शायद पति हो इसका..."

"शादीशुदा तो नहीं लगती–"

"तो फिर भाई होगा..."

कमला गिलास से पानी पिला रही थी।

"क्या डाला है पानी में...?"

"कड़वी दवाई डाली है, खाँसी अच्छी हो जाएगी–पी लो..."

"अरी तुझसे कहा न, दवा-ववा नहीं चाहिए मुझे –यूँ नहीं मरती तो ये डॉक्टर-वैद मार देंगे मुझे।"

यह कहकर नानी खाँसने लगी। बृन्दाबन ऊपर कमरे की तरफ़ जाने लगा तो विनोद ने रोककर कहा :

"कहाँ जा रहे हो ?"

"बीमार लगती है, ज़रा देख आता हूँ।"

बृन्दाबन ऊपर चला गया।

सीढ़ियों पर पैरों की आहट सुनकर नानी ने पूछा–नानी आँख से भी अन्धी थी।

"कौन है लक्खी–बाबू–बाबू बेटा...?"

बृन्दाबन ने दरवाज़े से बूढ़ी नानी को देखा–नानी को आहट लग गई जैसे कोई घर में आया है–उम्र ज्यादा हो जाने से नानी कुछ पागलों-जैसी हरकतें करने लगी थी।

"बाबू-बेटा..."

"कोई भी तो नहीं है नानी–तुम तो ख़ामखाह..."

"कोई आया तो था सीढ़ियों पर..."

"कहाँ, मुझे तो कोई दिखाई नहीं देता..."

कमला ने उसे इशारे से नीचे जाने को कहा। बृन्दाबन दबे पाँव सीढ़ियों से नीचे आ गया, और विनोद से कहा।

"ऊपर ज़िन्दा भूत है..."

"नानी का...?"

''अन्धी है...''

''अभी तो ज़िन्दावाला देखा, पता नहीं क्या-क्या दिखाई देगा...''

''मेरा तो ख़याल है थोड़ी देर में तुम्हारे फूफा राम भजन भी दिखाई दे जाएँगे।'''

''हाँ—हाँ वो तो है...!''

बृन्दाबन ने अपने दोस्त को हँसने पर मना किया।

''चुप...शी...शी...''

''अभी तो एक और कैरेक्टर आनेवाला है—बाबू!''

तभी सीढ़ियों से कमला तेज़ी से आई और इशारे से उन्हें अन्दर कमरे में बैठने को कहा—एक पुराना सा कमरा, जिसकी दीवारों का प्लास्टर उखड़ चुका था।

''आप लोग यहाँ बैठे हैं, मैं कुछ खाने-पीने को लाती हूँ—भूख तो लगी होगी।''

बृन्दाबन ने कहा।

''भूख तो लगी है। आपकी नानी काफ़ी बीमार मालूम होती है...''

''हाँ...''

''क्या बीमारी है...?''

कमला ने बिस्तर ठीक करते हुए क़हा।

''बुढ़ापा...? सत्तर बरस की तो हैं...''

विनोद ने पूछा :

''यह बाबू कौन है...?''

''कोई नहीं...''

''नानीजी जो कह रही थी...''

''उससे बचपन में शादी हुई थी मेरी। पन्द्रह बरस हो गए हैं उसे गए, लेकिन नानी अभी तक यही सोचती है कि वह वापस आएगा।''

हाथों में दो गिलास पानी लेकर उनके पास आती है।

"दो-तीन बरस से तो यही रट लगी रहती है, दिन-भर..."

29

बृन्दाबन पिछली बातें कुसुम को सुना रहा था। कुसुम भी दरवाज़े के सहारे बैठ गई थी। बृन्दाबन ने कहा :

"उस वक़्त एक लड़की का ख़याल मुझे भी आया था—नी का—सच कहूँ—यह सोचा भी नहीं था कि नी इतनी बड़ी हो गई होगी—अगर सोचा भी तो यही कि...नी कब की शादी करके, घर बसाके, कहीं बैठी होगी, कुसुम नाम तो मालूम ही नहीं था मुझे..."

"फिर...?"

"हाँ फिर...कमला हमें बैठाकर, बाहर कुछ लाने चली गई..."

"लक्खी नाम था उसका...?"

"कमला ही उसका असली नाम था। उसकी नानी लक्खी बुलाया करती थी..."

30

फ़्लैश बेक

बृन्दाबन कमरे से बाहर निकलकर उस टूटे-फूटे मकान को देखने लगा। उसके ऊपर (डॉक्टर

बृन्दाबन) की आवाज़ आ रही थी, जो कहानी वह कुसुम को सुना रहा था।

"तो कमला बाहर चली गई ! और थोड़ी देर बाद ही–उसकी नानी की आवाज़ें आने लगीं..."

"लक्खी...ओ लक्खी..."

ऊपर का कमरा जिसमें नानी एक टूटी हुई चारपाई पर लेटी हुई थी। खाँसते-खाँसते उठ बैठी थी।

"लक्खी...लक्खी रे..."

पास पड़े पीतल के घड़े पर उसका हाथ पड़ा और वह स्टूल पर से गिर पड़ा, जिसकी ज़ोर से आवाज़ आई। नीचे खड़े बृन्दाबन की समझ में कुछ नहीं आया वह क्या करे, ऊपर जाए कि नहीं–

नानी बिस्तर पर से खड़ी हो गई।

"किस जोखिम में डाल दिया है...मुझे..."

नानी को दिखाई तो पड़ता नहीं, वह दीवार के सहारे सीढ़ियों की तरफ़ बढ़ी। नीचे खड़ा बृन्दाबन यह देखकर घबरा गया।

"अरी सुनती है–कहाँ चली जाती है–फिर किवाड़ बन्द करके चली गई–अरी करमजली, बाबू आ के चला जाएगा..."

नानी बिलकुल सीढ़ियों के क़रीब आ चुकी थी और गिरने लगी थी नीचे की तरफ़, कि डॉक्टर ने तेज़ी से जाकर नानी को सँभाल लिया–नानी बृन्दाबन को छूकर महसूस करने लगी।

"यह...यह कौन ?...कौन है...?"

नानी बृन्दाबन के हाथों को पकड़कर टटोलने लगी, फिर चेहरे को टटोला।

"बाबू...? बाबू तू आ गया बेटा...? देखा...देखा।"

नानी की ख़ुशी की सीमा न रही–ख़ुश होकर

चिल्लाई।

"मैं न कहती थी—मैं न कहती थी, कि तू ज़रूर आएगा—ज़रूर आएगा।"

बृन्दाबन ने कुछ सोचकर कहा :

"हाँ नानी माँ...मैं आ गया...चलो अन्दर चलो..."

बृन्दाबन उसको उठाए हुए कमरे में ले गया।

जाते-जाते नानी अपनी खुशियाँ बिखेरती रहीं।

"मैं जानती थी तू आएगा—इसीलिए तो जी रही थी बेटा—सिर्फ़ तेरे लिए जी रही थी..."

बृन्दाबन ने नानी को बिस्तर पर सुला दिया और वहीं बैठ गया।

"लक्खी की माँ तो राह देखते-देखते मर गई। अब तो सँभाल ले अपनी लक्खी को बेटा। बाबू अगर तू उसे सँभाल लेगा तो मैं भी मर जाऊँगी।"

यह नानी रोते-रोते कहती जा रही थी, तभी कमला घर में आई और डॉक्टर को नानी के पास बैठा देखकर सकते में आ गई।

"कहाँ गई थी ?...अब किवाड़ बन्द कर दे।"

कमला दरवाज़े के सहारे खड़ी थी।

"लक्खी...लक्खी...देख बाबू आ गया है, मैं न कहती थी वह आएगा—देख बेटे, अरे उधर क्या कर रही है, इधर आ न...आ न बेटी..."

कमला नानी के पास आकर उसके सिरहाने खड़ी हो गई। नानी उसके हाथों को पकड़कर बोली :

"कहाँ चली गई थी—कहाँ चली गई थी बेटी—किवाड़ खुला छोड़ गई थी न—बस अब चाहे तो कुंडी लगा दे—अब इसे जाने मत दीजियो—बाबू बेटा अब इसे मत छोड़ियो रे—बहुत रोई है तेरे लिए..."

कमला की आँखें आँसुओं से भर गईं।

''बहुत बाट देखी है—इसने—अब इसे मत छोड़ियो...बेटा।''

नानी ने बृन्दाबन का हाथ पकड़ रखा था।

''बहुत दुःख सहे हैं इसने—बाबू...बाबू बेटा बोल... इसे छोड़कर नहीं जाएगा न...?''

बृन्दाबन नानी को इस तरह मिन्नतें करते देख बोल पड़ा :

''नहीं जाऊँगा नानी माँ...अब कहीं नहीं जाऊँगा।''

कमला बृन्दाबन की तरफ़ देखने लगी।

''मैं रहूँगा यहाँ *(नानी का रोना देखकर डॉक्टर की आँखें भर आई हैं)* रहूँगा यहाँ लक्खी के पास।''

नानी डॉक्टर का हाथ पकड़कर रोती-रोती सो गई...और बृन्दाबन कुसुम को बताता रहा सारी कहानी।

''बच्चों की तरह नानी मेरा हाथ पकड़कर रोती रही—बच्चों की तरह उस पर सो गई—लेकिन मेरा हाथ नहीं छोड़ा—बरसों बाद जो लौटा था। उसके फिर चले जाने से डरती थी। रात बहुत देर तक नानी के पास बैठा रहा। मुझे खाने के लिए भी नहीं उठने दिया उसने—जब नानी बिल्कुल सो गई तो कमला उठाकर नीचे ले गई मुझे।''

31

फ़्लैश बैक

नीचे आँगन में विनोद और बृन्दाबन बैठे खाना खा रहे थे—और पास बैठी कमला आपबीती सुना रही थी :

"नानी ने भी बड़े अच्छे दिन देखे थे इस घर में, जब तक बाबा थे तब तक घर में कोई-न-कोई आया-गया रहता ही था। लेकिन उनके बाद, माँ को देखने कोई नहीं आया, सबके सब रिश्तेदार अलग हो गए—लेकिन नानी थी जिसने ज़िन्दा रखा हम दोनों को—एक दिन माँ भी चली गई—फिर बिल्कुल सुनसान हो गया यह घर—बस नानी और मैं—बरसों से किसी और की सूरत नहीं देखी इस घर में। तुम्हें देखकर बरसों बाद ऐसा लगा, कि हम ज़िन्दा हैं अभी, इंसानों की बस्ती में रहते हैं हम।"

32

फ़्लैश बैक

दूसरे दिन सुबह-सुबह जब बृन्दाबन कमरे से बाहर निकला तो गाँववाले एक-दो लोग अन्तिम संस्कार की तैयारी कर रहे थे आँगन में। डॉक्टर कुछ समझ नहीं पाया। तभी कमला बाहर से आई। बृन्दाबन उसके पास गया तो कमला ने बताया :

"नानी गुज़र गई..."

"कब—किस वक़्त हुआ यह...?"

"पता नहीं नींद में ही चली गई—ऐसा लगता है कि सिर्फ़ बाबू की ख़बर सुनने के लिए अब तक जाग रही थी—एक बार उठी भी नहीं, करवट भी नहीं ली।"

तभी विनोद बृन्दाबन के पास आ गया और बृन्दाबन ने उसे बताया :

"नानी गुज़र गई..."
"कब...?"
"रात को ! अब क्या करें ?"
"मेरा तो ख़याल है—अब चला जाए—ख़ामखाह के झंझट में फँस जाएँगे..."
"कैसी बात करता है यार—बेचारी को अकेला छोड़कर जाएँगे—क्या करेगी...?"
"हैं तो सही इतने सारे लोग...!"
"तुझे शर्म नहीं आती, इस तरह अकेला छोड़कर जाते हुए..."
"आएगी तो सही यार लेकिन..."
"ऊपर चल...चल..."

33

फ़्लैश बैक

शाम का वक़्त था, नानी का अन्तिम संस्कार हो चुका था। आँगन में दरी बिछी हुई थी जिस पर कमला, बृन्दाबन, विनोद और एक बूढ़ी औरत जो कमला के पास बैठी थी, उठकर जा रही थी—सभी लोग ख़ामोश थे। विनोद सिगरेट पीने लगा—बृन्दाबन ने मना किया :

"विनोद...! अन्दर जाकर पी..."

विनोद अन्दर चला गया। बृन्दाबन और कमला रह गए वहाँ—दोनों ख़ामोश थे। बृन्दाबन ने पूछा :

"अब यहाँ क्या करोगी...?"
"वही—जो आज तक करती थी..."

"क्या...?"

"जो माँ करती थी—माँ के बाद नानी—नानी के बाद मैं—कभी न आनेवाले का इन्तज़ार—मैं भी एक दिन बिल्कुल नानी की तरह, बाबू-बाबू करते-करते ऐसे ही..."

कमला की आँखें ढलक गईं।

"यहाँ कोई और—रिश्तेदार है तुम्हारा...?"

कमला ने नहीं में सिर हिला दिया।

"शहर क्यों नहीं चली जाती...?"

"किसके पास...?"

"विनोद के माँ-बाप के पास—विनोद न सही—इसके माँ-बाप जानते हैं तुम्हारा रिश्ता..."

"मैं नहीं जानती—न माँ गई थी किसी के पास—न बाबा, न मैं जाऊँगी, और बाक़ी भी क्या रह गया है। वो तीनों तो भुगत गए—सिर्फ़ मैं ही बची हूँ—मैं भी किसी दिन..."

ख़ाली दीवार पर बृन्दाबन की आवाज़ आने लगी।

"वह रात वहीं काटी—अगली सुबह जब कमला को देखा वह रातवाली कमला न थी।

सुबह कमला आँगन साफ़ कर रही थी—और जूठे बर्तन माँज रही थी। बिल्कुल कोरी-बेताल्लुक, पिछले दिन का कोई भी साया बाकी नहीं था उस पर।"

जब कमला बर्तन साफ़ कर चुकी, तभी बृन्दाबन उसके पास आया और पूछा :

"दरियाँ उठा दें..."

"हाँ उठा दें।"

"कोई आएगा तो..."

"क्यों आएगा...?"

कमला की आवाज़ रूखी थी।

"मतलब..."

"लोग आज मरे, कल चूल्हा जल जाता है। यों ज़िन्दगी में कोई नहीं मरता, मुर्दों के लिए कौन मरता है–"

कमला बर्तन उठाकर रसोई की तरफ़ चली गई, तभी विनोद डॉक्टर के पास आया और पूछा :

"क्या हुआ यार ?"

"अजीब औरत है–बड़ी रूखी-रूखी सी लग रही है–लगता नहीं है कल से यहाँ रह रहे हैं।"

विनोद कमरे की तरफ़ बढ़ा अपना सामान निकालने के लिए–कमला रसोई से निकली और पूछा :

"कब जाओगे आप लोग...?"

"बस अभी चले जाएँगे।"

"कुछ चाहिए...?"

"कुछ नहीं..."

कमला बग़ैर कुछ कहे उनके सामने से निकल गई। विनोद ने हैरत से कहा :

"हद है यार–बहुत ही उतरा हुआ सुर है..."

"कल तक तो ऐसी नहीं थी। पता नहीं आज क्या हो गया है !"

दोनों जाने लगे। पास ही में कमला कपड़ा धो रही थी। उसके पास आकर बृन्दाबन ने कहा :

"हम लोग चलें ?..."

"हाँ–जाओ।"

दोनों दोस्त एक-दूसरे को देखते रह गए और वहाँ से चल दिए–कमला उनको जाते हुए देखती रही।

कुसुम को बृन्दाबन उसी तरह बैठा, वहाँ जो कुछ हुआ कमला के साथ, सब बता रहा था।

"हम चले आए..."

"उसे छोड़कर चले आए...?"

"हाँ—उसे छोड़कर चले आए, अभी गाँव के बाहर निकले भी नहीं थे कि विनोद को ख़याल आया कि उसका पर्स वहीं रह गया है तकिए के नीचे। मैंने पूछा..."

34

फ़्लैश बैक

गाँव से थोड़ी दूरी पर, एक जगह दोनों दोस्त खड़े थे। बृन्दाबन ने पूछा :

"क्या ज्यादा पैसे थे...?"

"हज़ार-ग्यारह सौ तो होंगे ही..."

"चल रहने दे—बेचारी के काम आएँगे। चार-छह महीने अच्छी तरह कट जाएँगे।"

"नहीं मगर कुछ ज़रूरी काग़ज़ात हैं उसमें !"

"फिर वापस जाना पड़ेगा ?"

"जाना ही पड़ेगा।"

दोनों जाने लगे।

"कहीं ऐसा तो नहीं, बटुआ उसके हाथ लग गया हो। तभी सुर उतरा हुआ था।"

35

फ़्लैश बैक

विनोद उस कमरे में पहुँचा जिसमें ये लोग सोए थे। तकिया उठाया तो बटुआ मिल गया—पैसे देखे—वो भी पूरे थे। कमरे से बाहर आया आँगन में। बृन्दाबन ने पूछा :

"मिल गया...?"

"हूँ..."

"सब ठीक है...?"

"हूँ—चलो..."

"यह लक्खी दिखाई नहीं दे रही है—कहाँ गई होगी...?"

"वह गई बाबू के पास !...चल...!!"

तभी किसी चीज़ के गिरने की आवाज़ हुई, दोनों ने मुड़कर देखा। तभी किसी के गले की अजीबोग़रीब आवाज़ आई। बृन्दाबन को कुछ डर-सा लगा। वह अपनी बन्दूक दोस्त के हाथ में देकर कमरे की तरफ़ चला गया।

36

फ़्लैश बैक

बृन्दाबन कमरे में क्या देखता है कि बिस्तर पर कमला गिरी पड़ी थी, पास में एक गिलास पड़ा हुआ था जिसमें नीले रंग का थोथा (ज़हर) पड़ा है—और कमला के मुँह से नीले रंग का झाग

निकल रहा था।

"लक्खी...लक्खी...

विनोद...विनोद...जल्दी ऊपर आ..."

बृन्दाबन ने कमला को ठीक से सुलाया और उसकी आँखें खोलकर देखी।

विनोद ने कमरे में दाख़िल होते हुए पूछा :

"क्या हुआ...?"

"ज़हर खा लिया इसने !"

"ज़हर..."

"हाँ...नीचे से जाकर, पानी ला...और सुन बहुत सारा नमक डाल देना उसमें...!"

"मैं लेकर आता हूँ..."

और बृन्दाबन की आवाज़ फिर उभरने लगती है।

"चन्द घंटे देर हो जाती तो कमला नहीं बच सकती थी। हमारे जाते ही ज़हर ले लिया था। कमला को बचा तो लिया मैंने, लेकिन शाम तक जब होश में आई, यही कह रही थी, मैं क्यों इन्तज़ार करूँ किसी का ? नानी की उमर तक क्यों इन्तज़ार करूँ ? मैं जानता था आज नहीं तो कल कमला यही करनेवाली है, और मैं उसे अपने साथ ले आया—शादी करके शहर ले आया..."

बृन्दाबन चारपाई पर वैसा ही बैठा हुआ था और पास ही में कुसुम गुमसुम चुपचाप ख़ामोश-सी कमला की कहानी में खोई हुई—बृन्दाबन ने घड़ी देखकर कहा :

"ओह बहुत देर हो गई—अरे यह तो यहीं सो गया। ज़रा देखो तो इसके कपड़े सूख गए क्या...?"

"चरन को आज यहीं रहने दो न ! मैं भी अकेली हूँ।"

"माँ पूछेगी, तो क्या कहूँगा...?"

"क्यों सच नहीं कह सकते ?"

"सच तो यह है कि जिस तरह तुमने कड़े लौटाकर अपमान किया है माँ का, उन्हें मेरा यहाँ आना भी अच्छा नहीं लगेगा।"

"मैंने तो कड़े ही लौटाए हैं–लेकिन जब मुझे लौटा दिया था ?...मेरी माँ को घर से निकाल दिया था–तब क्या किसी का अपमान नहीं हुआ था...?"

"तुम क्या बदला ले रही हो माँ से...?"

"नहीं–अपना सम्मान माँग रही हूँ–माँ के लिए–तुम क्या..."

बृन्दाबन चुप हो गया। चारपाई पर सोए चरन को उठाने लगा।

"चरन..."

"रहने दो न–तुम छोटा न करो तो माँ के सामने छोटा होते हुए, मुझे कोई शरम नहीं।"

बृन्दाबन ने कुसुम की तरफ़ देखा।

"कल आकर ले जाना हमें, मैं चरन की उँगली पकड़कर चली आऊँगी...!"

यह सुनकर बृन्दाबन खड़ा हो गया।

"अच्छा मैं माँ को समझा दूँगा...!"

बृन्दाबन ने एक बार जाने से पहले कुसुम की आँखों में देखा–और चल दिया। कुसुम ने पास सोए चरन को आकर प्यार कर लिया।

घर जाएगी
तर जाएगी
डोलिया चढ़ जाएगी
मेहँदी लगाय के...
काजल सजाय के
दुल्हनिया मर जाएगी...

37

रात बीत गई, दूसरे दिन की सुबह आ गई—कुसुम तैयार होकर बैठी थी। सामने पूजा की थाली पड़ी है जिसमें सिन्दूर भी डिबिया में रखा है। चरन ने पूछा :

"यह क्या है माँ...?"

"सिन्दूर..."

"इससे क्या करते हैं...?"

"तेरे बाबा हैं न, इसे मेरी माँग में डालकर अपने साथ ले जाएँगे..."

"कैसे डालते हैं..."

कुसुम बताती है।

"ऐसे..."

"अगर नहीं डालें तो...?"

"तो मैं नहीं जाऊँगी..."

"यह डिबिया मुझे दे दो न, मैं डाल दूँगा।"

"तू मुझे डालेगा, अरे जब तेरी बीवी आएगी न, उसे डाल देना—अच्छा उठ बाबा आते होंगे, तुम जूते-ऊते पहनकर तैयार हो जाओ..."

कुसुम उठकर चली गई—चरन ने उस डिबिया में से सिन्दूर निकालकर अपने सिर में लगा लिया।

"चरन...चरन..."

कुसुम दूध का गिलास लिये खड़ी थी। चरन ने खिलौनों की टोकरी से एक खिलौना लेकर पूछा :

"ओ माँ...यह बाजा ले लूँ..."

"ले लो बेटे..."

पहली बार उसने अपने को माँ होना महसूस

किया—और दूध का गिलास लेकर वह चरन के पास चली गई।

"दूध पी लो—और देखो जो भी खिलौना चाहिए, मामा के आने से पहले ले लो—हूँ ?"

"मामा तो यों ही दे देते हैं, पैसे भी नहीं लेते..."

तभी दरवाज़े पर खड़े गाड़ीवान ने कुंज को आवाज़ दी :

"कुंज भैया—बादल गाँव से गाड़ी भिजवाये हैं !"

कुसुम ने पूछा :

"वो कहाँ हैं...? डॉक्टर बाबू ?"

"वो तो नहीं आए दीदी, हम का भिजवायन हैं चरन को लिवाय के वास्ते..."

कुसुम गाड़ीवान के पास आई और फिर से पूछा :

"का कहे रहे तुमका...?"

"हम का तो यही कहे रहन—कि चरन का लिवाय के लाओ।"

"और कौने के...आवे का नहीं कहन...?"

"नहीं तो...!"

यह सुनकर कुसुम को चक्कर-सा महसूस हुआ और धीरे-धीरे क़दमों से वह चरन के पास आई और बिल्कुल रुँधी हुई आवाज़ में बोली :

"जाओ बेटे—गाड़ी भेजी है तुम्हारे बाबा ने..."

"तुम नहीं जाओगी माँ...?"

"नहीं बेटा...मुझे नहीं बुलाता कोई..."

"माँ, यह बाजा मैं ले जाऊँ...?"

कुसुम ने उदास मन से नीचे देखते हुए कहा :

"हाँ ले जाओ..."

चरन खिलौना लेकर गया—कुसुम वहीं गुमसुम बैठी है—बाहर का दरवाज़ा वैसे ही खुला रहा

चरन के जाने के बाद, तभी कुंज शहर से ढेर सारा सामान लेकर आया—और कुसुम को आवाज़ दी :

''कुसुम, ओ कुसुम...''

कुसुम आँखों में आँसू लिये बैठी थी।

''अबकी बार शहर से बहुत सामान लाया हूँ। बाप रे—शहर में—क्या-क्या खिलौने मिलते हैं...तेरे लिए कपड़े लाया हूँ...!''

जब कुसुम कुछ नहीं बोली तो पूछा :

''क्या बात है...? किस सोच में पड़ी हो...? आँय...अरे...? हाँ...बाहर बृन्दाबन की गाड़ी जाते हुए देखी थी...वह यहाँ आया था...क्या...?''

''हाँ...''

''क्यों...?''

''मुझे लेने आए थे...''

''तुझे लेने...?''

''हाँ...मेरा गौना लेने आए थे...मुझे ले जाने...नौकर भेजा था भैया, बहू ले जाने के लिए ! पहली बार ससुराल जा रही थी न ! न डोली, न फेरे, न पूजा, कुछ भी तो नहीं माँगा था मैंने, फिर भी नौकर भेज दिया। चाहूँ तो चली जाऊँ नहीं तो...क्या खोट है मुझमें भैया, ऐसा क्या बुरा किया है मैंने—जो यों अछूत की तरह चिमटे से पकड़ते हैं मुझे।''

कुसुम कुंज का हाथ पकड़कर रोने लगी—कुंज भी दुखी हो गया।

''क्या करूँ मैं, कुछ समझ में नहीं आता। मैं तो फटकूँ भी नहीं उसके दरवाज़े पर...तू भी तो नहीं मानती, तोड़ती भी तो नहीं इस रिश्ते को, जो पता नहीं, है भी कि नहीं...''

गुस्से में कुंज ने कुसुम का हाथ दीवार से दे मारा

और कुसुम की सारी चूड़ियाँ टूटकर बिखर गईं।

''इससे अच्छा था, तू विधवा हो जाती... !''

कुसुम कुंज की तरफ़ देखती रह गई।

''भैया... !''

तभी गाड़ीवान वापस आया जो चरन को लेकर गया था।

''दीदी, चरन के मोज़े रह गए हैं...''

दोनों भाई-बहन एकदम चुप हो गए। कुसुम उठकर कमरे में चली गई। कुंज ने गुस्से से पास पड़ी चूड़ियाँ उठाईं और तेज़ क़दमों से गाड़ीवान के पास जाकर, उसके हाथ में टुकड़े देते हुए कहा :

''जाकर माँ की हथेली पर रख देना—और कह देना कुसुम विधवा हो चुकी है—बृन्दाबन मर गया हमारे लिए—न था, न है, न होगा।''

38

गाँव की चौपाल पर बैठा बृन्दाबन एक मरीज़ को सुई लगा रहा था और पास ही में बिरजू कम्पाउंटर भी बैठा था। मरीज़ के साथ वाले आदमी ने पूछा।

''कुछ खाए-पीए का ख़याल रक्खे का है डॉक्टर बाबू...?''

''सब कुछ खा सकते हो...''

फिर बिरजू से कहा :

''बिरजू जिस तरह यह प्लेग फैल रहा है सारे गाँव में अगर अभी से ख़याल नहीं रखा गया—तो अच्छा

नहीं होगा।"

तभी काली वहाँ पहुँच गई।

"यह भी कोई तरीका है ? सुबह से घर से निकले हो और बताया भी नहीं कि कहाँ गए, मैं सारे गाँव में ढूँढ़कर आ रही हूँ–पता है, बड़ी माँ कब से नाश्ता बना के बैठी हैं...!"

"माँ से कह दो खा लें, मुझे देर लगेगी लौटने में।"

"हमने बहुत समझाया बाबा–जब तक बेटा न आए माँ को कहाँ चैन..."

"चरन आ गया...?"

"कहाँ आया–अरे वह आए तो मैं भी कुछ मुँह में डालूँ..."

"गाड़ी भेजी उसे लाने..."

"कब की..."

"तू जा माँ से कह दे मेरा इन्तज़ार न करें।"

"अपने खाने-पीने का ख़याल रखना...!!"

बृन्दाबन ने मुस्कुराकर काली की तरफ़ देखा–वह चली गई। बृन्दाबन ने बिरजू से पूछा :

"तेरी ससुराल भी वहीं है...सद्‌दीपुर...?"

"जी हाँ..."

"क्या नाम है लड़की का...?"

"मन्नू...पूरा नाम मनोरमा है।"

"शादी कब है...?"

"अगली पूर्णिमा को...!"

तभी एक आदमी भागा हुआ डॉक्टर के पास आया।

"डॉक्टर बाबू–डॉक्टर बाबू ज़रा जल्दी चलिए–रामू और मँगती दोनों को बुख़ार ने ज़ोर मारा है–मँगती तो लगता है दम तोड़ देगी..."

"बाप रे–लगता है वबा बड़ी तेज़ी से फैल रही है।

चलो बिरजू..."

बिरजू ने चलने की तैयारी की।

डॉ. बृन्दाबन और बिरजू एक घर से निकले। अन्दर से रोने की आवाज़ आ रही थी। बिरजू ने काले कोयले से घर के बाहर Cross का निशान लगा दिया और दोनों निकल गए।

बिरजू और बृन्दाबन घर पर आए।

"तुम यहीं रहो, मैं आया।"

जैसे ही अन्दर जाने लगा डॉक्टर उसकी मुलाक़ात घर के मुनीम से हो गई।

"आप गए नहीं सद्‌दीपुर...?"

"माँ ने सुबह-सुबह कुआँ साफ़ कराने भेज दिया —लौटा तो गाड़ी जा चुकी थी...चरन को लाने..."

"और वह चिट्‌ठी...? जो कुसुम के लिए दी थी मैंने...?"

मुनीम ने अपनी जेब से निकाली।

"यह रही मेरे पास—आपकी निजी चिट्‌ठी समझकर माँ से कुछ नहीं कहा मैंने..."

डॉक्टर ने चिट्‌ठी ली और उदास मन से घर के अन्दर चला गया।

बृन्दावन घर में दाख़िल हुआ तो, गाड़ीवान माँ से कह रहा था :

"चरन के मोज़े के वास्ते जब वापस उनके घर गया तो कुंज खड़ा था घर में—बहुत गुस्सा में रहा, ये चूड़ियों के टुकड़े हमारे हाथ में दिए—और कहा, माँ से कह देना कुसुम विधवा हो गई, और छोटे बाबू से कह देना वो मर गए हमारे लिए—न कभू थे, न हैं, न होंगे..."

ये सारी बातें बृन्दाबन ने सुन लीं। माँ ने उसकी तरफ़ देखा। माँ के हाथों में जो चूड़ियाँ गाड़ीवान

ने दी थीं–वो वहीं आँगन में फेंक दी। माँ गुस्से में वहाँ से निकल गई।

माँ चली गई और एक तरफ़ से चरन ढेर सारे खिलौने लेकर, उन्हें बजाता हुआ आ गया।

"बाबा–बाबा देखो कितने खिलौने दिए माँ ने..."

बृन्दाबन ने उसे गोद में उठा लिया।

"माँ को नहीं लाए तुम...?"

"आपने थोड़े ही कहा था, लाने को..."

"मैं कहता, तो तू ले आता..."

"हाँ–खींचकर ले आता..."

"काश, तू ज़बरदस्ती ले आता उसे।"

"मैं जाकर ले आऊँ...?"

"नहीं बेटा...अब वह नहीं आएगी !...अब कभी नहीं आएगी...!!"

डॉक्टर ने उसे उतार दिया गोद से।

"जा खेल...!"

बृन्दाबन ने अपने कमरे में जाकर अलमारी खोली और उसमें से ऊनी शॉल निकाली–जैसे कहीं जाने लगा हो। माँ ने सामने आकर पूछा :

"*(गुस्से में)* अब कहाँ जा रहा है...?"

"डेरा जा रहा हूँ...जनकपुर भी जाना है...लौटते शायद रात हो जाए।"

"मैं कल शहर जा रही हूँ–मोहन बाबू की चिट्ठी आ गई है, मैं ख़ुद जाकर सब बात पक्की कर आऊँगी।"

"माँ तुम्हें जो दुःख पहुँचा मैं जानता हूँ, लेकिन..."

माँ ने बात पूरी नहीं होने दी और गुस्से में बोली :

"कुसुम इस घर में नहीं आएगी बृन्दाबन...!"

"मैंने तो कोई ज़िद नहीं की माँ–तुम जो कर रही हो वह..."

"मैं चरन को ले जाऊँ...?"

"चरन जाएगा...?"

"देखती हूँ—अगर चले, जब से गाँव में वबा *(बीमारी)* फैली है,मुझे डर-सा लग रहा है बच्चे के लिए..."

"देख लो..."

बृन्दाबन बिल्कुल शान्त था।

"तुम तो जानती हो—वह मेरे बग़ैर एक दिन भी नहीं रहता !"

इतना कहकर बृन्दाबन शॉल ओढ़कर घर से बाहर चला गया।

39

कुसुम सिलाई की मशीन पर बैठी कुछ सिलाई कर रही थी। और पास ही सोफे पर बैठी चौधराइन समझा रही है।

"मुझे तो भूलकर भी ख़याल नहीं आ सकता था कि वही बृन्दाबन है—और तूने भी तो कुछ नहीं कहा, एक बार कह देती, तो शायद मैं ही कुछ बात कर लेती उरारो।"

कुसुम चुपचाप सिलाई करती रही।

"बिना सोचे-समझे यहाँ दवाख़ाना खोलने के लिए कह दिया उसे—पता नहीं लोग कितनी बातें करते होंगे, मेरे कान तक आने लगीं। ! पर एक बात बता कुसुम, वह अगर तुझे नहीं ले जाएगा तो...क्या करेगी तू...कैसे रहेगी सारी ज़िन्दगी...?"

कुसुम बोल पड़ी।

"विधवाएँ नहीं काट लेतीं अपनी ज़िन्दगी..."

इतना कहकर वह चुप हो गई।

"हे भगवान, उन्हें...उन्हें लम्बी उमर देना।"

और सिसक कर रो पड़ी।

डॉक्टर बृन्दाबन नाव से कहीं जा रहा है...और उसका दर्द उभरता है—गीत में।

"ओ माँझी रे...
ओ माँझी रे
अपना किनारा—नदिया की धारा है...
ओ माँझी रे...
साहिलों पर बहनेवाले, कभी तो सुना होगा कहीं काग़ज़ों की किश्तियों का कहीं किनारा होता नहीं...
ओ माँझी रे—माँझी रे...
कोई किनारा, जो किनारे से मिले वह अपना किनारा है
ओ माँझी रे...
अपना किनारा, नदिया की धारा है...
पानियों में बह रहे हैं, कई किनारे टूटे हुए...
ओ...रास्ते में मिल गए हैं, सभी सहारे छूटे हुए...
ओ माँझी रे—ओ माँझी रे...
कोई सहारा मँझधार में मिले तो, अपना सहारा है...
ओ माँझी रे...
अपना किनारा, नदिया की धारा है
नदिया की धारा है..."

40

मन्नू की शादी की तैयारी हो रही थी—लड़कियाँ गाना गा रही थीं—दो औरतें आपस में बात कर रही थीं :

"सुनो बहन, मन्नू ने कुछ खाया कि भूखी ही बैठी है...?"

"मैंने कहा तो था, कुछ खिला देना, मुझे तो देखने भर की फ़ुर्सत नहीं।"

मन्नू एक कमरे में शादी के जोड़े में बैठी लड्डू खा रही थी और कुसुम की किसी बात पर हँस रही थी।

"तू तो ऐसे फूट के हँस रही है मुई, कोई देख लेगा तो क्या कहेगा ?"

"हँसी आ रही है तो क्या करूँ...रोऊँ...?"

"और नहीं तो क्या, दुल्हनें रोया करती हैं...!"

"यूँ ही रोया करती हैं !...बिना कारण..."

"माँ-बाप को छोड़कर जाने का दुःख नहीं होता...?"

"और, बिरजू से मिलने की ख़ुशी नहीं होती क्या...?"

"अब तो नाम मत ले मुई,ब्याह हो रहा है तेरा..."

"तो क्या हुआ ? वह कोई सुन थोड़े ही रहा है..."

"और किसी दिन सुन लिगा तो...?"

"सुन ले—मैं तो उसे नाम से बुलाया करूँगी..."

"तेरे सास-ससुर तेरे टुकड़े कर देंगे।"

"मैं उनके सामने थोड़े ही बुलाया करूँगी—जब अकेले में होंगे न,तब बुलाऊँगी—बिरजू-बिरजू...बिरजू..."

"आय हाय...!"

और दोनों सहेलियाँ हँस पड़ीं—तभी दरवाज़ा खोलकर मन्नू की माँ आ गई। मन्नू ने मिठाई की प्लेट कुसुम के हाथ में दे दी। माँ ने आकर कुसुम से पूछा :

"कुछ खाया बेटी ने ?"

"थोड़ा-सा मुँह लगाया है माँ...खाती ही नहीं...!!"

दोनों सहेलियाँ माँ के सामने बड़ी सीधी बन गईं।

"ऐसे ही गुमसुम होकर बैठी है...!"

"होगी नहीं, घर छोड़ते हुए कौन-सी ल़ड़की है, जिसे दुःख नहीं होता...!!"

"वह तो है माँ...!!"

तभी ढेर सारी लड़कियाँ अन्दर आ गईं।

"बुआ...बुआ...बारात आ गई।"

"बारात पहुँच गई !"

माँ बाहर निकल गई। लड़कियाँ मन्नू से कहने लगीं :

"दूल्हा देखेगी, चल छिपकर चलते हैं...!"

सभी लड़कियाँ मन्नू को पकड़कर ले गईं—एक लड़की ने कुसुम के पास आकर कहा :

"ऐ कुसुम, बिरजू के डॉक्टर बाबू भी आए हैं बादल गाँव से !...चल बारात देखें।"

"तुम जाओ मैं आती हूँ...!!"

और कुसुम अपने घर की तरफ़ चली गई।

घर में कुंज कम्बल ओढ़े सो रहा था। उसकी तबीअत ठीक नहीं थी। कुसुम ने आकर पूछा...।

"भैया, मन्नू के यहाँ से कब चले आए...?"

"अभी आया, शरीर बहुत कमज़ोर लग रहा था, इसलिए चला आया।"

कुसुम ने कुंज को छूकर देखा।

"बुख़ार तो नहीं है...!"

"अदरक की चाय बना दे ज़रा, सुबह तक ठीक हो जाएगा..."

"अच्छा..."

41

मन्नू की शादी हो चुकी, बिदाई हो रही थी। सहेलियाँ उसे घर से बाहर लेकर आईं। घर के बाहरी दरवाज़े पर पंडित जी खड़े थे और कुसुम के हाथ में अनाज से भरी थाली थी।

पंडित जी ने कहा :

"बेटी, अनाज मुट्ठी में लो और आँगन में फेंक दो। पीछे माँ झोली लिये खड़ी है।"

कुसुम ने थाली मन्नू के सामने कर दी। पंडित जी ने कुसुम से कहा :

"अब अपनी सहेली से कहो, कि वह तुम्हारे साथ-साथ कहती जाए..."

पास ही बृन्दाबन भी खड़े थे—वो भी इस शादी में शरीक थे। कुसुम कहने लगी :

"जिस आँगन में खेली, जिस आँगन में पली थी, वह तेरा था बाबुल, मेरा नहीं, जो खाया था इस घर से, वह लौटा के जा रही हूँ।"

इतना कहने के बाद मन्नू ने थाली से अनाज लिया और पीछे फेंक दिया। माँ झोली फैला के खड़ी थी। कुछ अनाज उसकी झोली में जा गिरे—अब मन्नू सचमुच रो रही थी—और कुसुम की आँखों से आँसू बह रहे थे।

"इस घर का कोई कर्ज़ा मेरे साथ नहीं, माँ, बाबा, भाई, बहन न याद करें मुझको। इस आँगन से कोई न बुलाना मुझको, इस घर के लिए मैं आज से पराई हो गई हूँ।"

कुसुम ने मन्नू को ले जाकर डोली में बिठाया।

तारी ब्राह्मणी का घर, उसकी बेटी काली की मौत हो गई, प्लेग की बीमारी से। बृन्दाबन ने उसके चेहरे पर कपड़ा खींच दिया। तारी फूट-फूटकर रो रही थी–बिरजू घर के बाहर एक और Cross का निशान लगा देता है। जिस-जिस घर में मौत होती, वह ऐसा निशान लगा देता। काली का पिता बाहर खड़ा रो रहा था। बृन्दाबन से कहा :

"सारी रात आपके लिए जागती रही, डॉक्टर बाबू, आप थे नहीं, सद्‌दीपुर गए थे। सवेरे से आपकी राह देख रहे थे–बार-बार काली आपको पूछती थी। बार-बार चरन का नाम लेती थी, जब उसने प्राण छोड़े, तब भी कहती रही, कि मेरे डॉक्टर बाबू आ जाएँ तो मैं अच्छी हो जाऊँगी।"

बृन्दाबन यह सुनकर अपने आपको रोक न पाया और रो पड़ा। पास खड़ा बिरजू जिसकी शादी में वे गए थे, बोला :

"यह सब मेरी वजह से हुआ न डॉक्टर बाबू, कल आप अगर मेरी शादी में नहीं आए होते तो, शायद काली बच जाती।"

"नहीं रे पगले, तू भी तो जान पर खेल रहा है, कल तेरी शादी हुई और आज–मेरे साथ फँसा हुआ है, इस महामारी में–भगवान न करे, तुझे कुछ हो गया तो, मैं...मैं अपने आपको ज़िन्दगी-भर माफ़ नहीं कर सकूँगा।"

"मेरी फ़िक्र मत कीजिए डॉक्टर बाबू–मुझे कुछ नहीं होगा। जब तक आप लड़ रहे हैं–मैं भी आपके साथ हूँ–कल सुबह मन्नू को लेकर

सद्‌दीपुर छोड़ आऊँगा। फिर दिन-रात आपके साथ ही रहूँगा।''

कुछ गाँववाले भी डॉक्टर और बिरजू के साथ हो लिये। जहाँ-जहाँ जो बीमार दिखता था उसे दवाई देने में मदद करते।

गाँव के लोग बैलगाड़ी पर अपने परिवार के साथ शहर की तरफ़ जाने लगे थे, या गाँव छोड़ रहे थे।

43

रात का वक़्त है, चरन बिस्तर पर लेटा था, पास ही मुनीम जी बैठे थे। घर में घुसते ही डॉक्टर ने बुलाया :

''चरन बेटे...''

एक पल को डॉक्टर घबरा गया, चरन को सोया हुआ देखकर।

''क्या हुआ चरन को...?''

''जी कुछ नहीं—सो गया—आपकी राह देखते-देखते।''

''मैं तो डर ही गया था-कुछ खाया कि नहीं इसने ?''

''खाया तो, लेकिन बहुत मुश्किल से खिलाया, काली के लिए ज़िद करता रहा।''

''बहुत घबरा गया है, अकेले रहते-रहते।''

''जी हाँ—बेचारे का घर से निकलना भी तो बन्द हो गया, क्या करें ?''

''तारी आई थी...?''

''आई थी—आपके लिए खाना बना गई है। चरन के लिए रुकना चाहती थी, लेकिन मैंने उसे वापस भेज दिया।''

बृन्दाबन ने अपने बेटे चरन को देखा।

''वह क्या है डॉक्टर बाबू, छूत की बीमारी है न—बच्चे के लिए डर लगता है—मैं तो कहता हूँ—आप इसे गाँव से कहीं बाहर भेज दो...''

''कहाँ भेज दूँ—मुझे छोड़कर कहीं रहता भी तो नहीं, माँ के साथ नहीं गया, तो और कहाँ जाएगा !''

''ऐसा कीजिए—आप इसे लेकर शहर चले जाइए।''

''मैं ? अपने बेटे के लिए सारे गाँव को छोड़ जाऊँ मरने के लिए—एक-एक साँस के लिए कैसे लड़ रहा हूँ आप देख तो रहे हैं। एक-एक आदमी को जब मौत मेरे सामने मेरे हाथों से छीनकर ले जाती है तब ऐसा बेबस महसूस करता हूँ कि...''

तभी किसी के बुलाने की आवाज़ आई।

''डॉक्टर बाबू—डॉक्टर बाबू।''

डॉक्टर बाबू आए तो क्या देखा, उनके घर का गाड़ीवान, हाथ में लालटेन लिये खड़ा है।

''डॉक्टर बाबू—वो तारी है न, काली की माँ, वो भी गई—चलिए, जल्दी चलिए...''

डॉक्टर जाने लगा, अन्दर आकर अपना बैग लिया, मुनीम पीछे से बोला :

''आप खाना खा लो—तारी ने अपने हाथ से बनाया है।''

यह सुनकर डॉ. बृन्दाबन एक पल को झटके से रुक गए जैसे किसी ने उन्हें दबोच लिया हो—घूम के मुनीम जी को देखा, फिर अपने बेटे को देखा।

''तारी...''

यह कहकर वो तेज़ी से कमरे से बाहर निकल गए।

दूसरे दिन सुबह-सुबह चरन अपनी तीन पहिए की साइकिल को आँगन में चला रहा था—जब डॉक्टर ने आवाज़ दी :

"चरन बेटे..."

चरन अपने पिता के पास आया।

"बाबा—बाबा—आज मैं भी तुम्हारे साथ जाऊँगा।"

"नहीं बेटे—आज हमें बहुत काम है—आज तुम मुनीम काका के साथ खेलो..."

"इतने बूढ़े के साथ थोड़े ही खेला जाता है।"

डॉक्टर अपने बेटे के सिर पर हल्की-सी चपत लगाते हुए प्यार से बोला :

"चुप पाजी कहीं का !"

"*(लाड़ में)* नहीं तो मैं माँ के पास चला जाता हूँ।"

"तेरी काली माँ, यहाँ नहीं है बेटे—वह कहीं चली गई..."

"और वह दूसरीवाली..."

"दूसरी कौन...?"

"वह जो पहले लड्डू देती है, फिर पानी नहीं देती..."

"कुसुम...?"

डॉक्टर के चेहरे पर हँसी झलकती है।

"हूँ..."

"तू उसके पास जाएगा...?"

"हूँ..."

तभी पीछे से मुनीम जी आ गए।

"डॉक्टर बाबू—कुछ दिनों के लिए वहीं छोड़ आओ चरन को—वहाँ रह भी गया था एक बार..."

डॉ. बृन्दाबन ने चरन को गोद से उतार दिया।

"तुम जाओ..."

"आधा गाँव—यहाँ भी ख़ाली हो गया है।"

डॉक्टर खड़ा हो गया जाने के लिए।

"जो बाकी हैं वो या तो मर रहे हैं या गाँव छोड़कर जा रहे हैं।"

डॉ. आगे बढ़ा तो मुनीम जी गुस्से से बोले :

"कैसे बाप हो तुम...?"

यह सुनकर डॉक्टर रुक गया और मुड़कर मुनीम की तरफ़ देखा।

"तुम्हें अपने बच्चे के लिए, ज़रा भी डर नहीं लगता–सुबह से वह खाँस रहा है–दो गोलियाँ खिला के समझते हो, हो गया बस–कितने लोगों को बचा सके हो तुम अपनी दवा से...?"

मुनीम जी ने डॉक्टर की तरफ़ पीठ कर के कहा।

"मैं भी यहाँ से जा रहा हूँ, अपने परिवार के साथ–तुम अगर चरन को लेकर न गए, तो मैं ज़बर्दस्ती इसे अपने साथ ले जाऊँगा।"

डॉक्टर बाबू फ़ौरन बोल पड़े।

"आपको जाना हो तो चले जाइए–चरन यहीं रहेगा–जाते हुए बाहर से दरवाज़ा बन्द कर जाइएगा।"

डॉक्टर चला गया। चरन के खाँसने की आवाज़ आई। मुनीम जी भागकर उसके पास आ गए।

"अरे बेटे...आओ मैं तुम्हें दवा खिला देता हूँ।"

और उसे कमरे में ले गए।

बिरजू की भी मौत हो गई प्लेग से, उसका मरा हुआ शरीर पड़ा हुआ था। चार आदमी उसे कन्धा देकर ले जाने लगे। घर के अन्दर से मन्नू चीख़ती-चिल्लाती बाहर आई।

"मुझे भी अपने साथ ले चलो। मैं भी साथ

चलूँगी...तुम मुझे छोड़कर नहीं जा सकते।"

पास डॉक्टर बाबू खड़े थे। वो भी दीवार से सिर लगाए रो रहे थे। मन्नू रोते-रोते उनके पास आई...

"डॉक्टर बाबू--तुम भी नहीं बचा सके मेरे बिरजू को...? तुम भी नहीं बचा सके—डॉक्टर उसे वापस बुला लो..."

घर की औरतें उसे पकड़कर ले गईं। बृन्दाबन वहीं खड़े रहे चुपचाप और दीवार पर वही cross का निशान लगा दिया जो बिरजू लगाया करता था।

44

बृन्दाबन अपने घर आए और पूरे घर को छान मारा पर चरन नज़र नहीं आया। उसकी समझ में नहीं आया कि चरन कहाँ चला गया। एक-दो बार बुलाया भी।

"चरन...चरन..."

कुछ सोचकर बृन्दाबन घर से बाहर निकल गए।

बृन्दाबन मुनीम के घर गए तो उनके दरवाज़े पर ताला लगा हुआ था—तभी सामने से एक बैलगाड़ी गुज़री जो गाँव छोड़कर जा रही थी। उसमें बैठे एक आदमी ने कहा :

"डॉक्टर बाबू, दीवान जी तो चले गए..."

बृन्दाबन ने कुछ सोचा और मुँह से कुसुम का नाम निकला :

"कुसुम...!"

45

कुसुम कुछ काम कर रही थी। तभी घर का बाहरी दरवाज़ा खोलकर डॉक्टर बाबू अन्दर आ गए—डॉक्टर के चेहरे पर एक उदासी है।

"चरन यहाँ आया था...?"

"यहीं है, दीवान जी छोड़ गए थे...!"

डॉक्टर बाबू ने इत्मीनान की साँस ली और पास पड़े मूढ़े पर बैठ गए। एक लम्बी साँस खींचकर बोले :

"परेशान कर दिया इस लड़के ने...!"

"पानी पिओगे...?"

"हाँ..."

कुसुम पानी लेने चली गई। डॉक्टर बाबू ने पूछा :

"कुंज भैया कहाँ हैं...?"

"अन्दर कमरे में हैं..."

पानी का गिलास दिया।

"चरन की तबीयत ठीक है न...?"

"हाँ...लेकिन बड़ा थका-थका-सा लग रहा था—जब आया था—खाना भी नहीं खाया। बस एक गिलास दूध पीकर सो गया।"

"ज़रा जगा दो उसको—मुझे वापस जाना है..."

कुसुम चुप रही। डॉक्टर बाबू ने कुसुम की तरफ़ देखा, फिर बोले :

"ठीक है—मैं उसे ऐसे ही ले जाता हूँ—कहाँ है ? कमरे में..."

डॉक्टर उठने लगा, तभी कुसुम बोल पड़ी।

"सुनो—इस बीमारी में, इसे वहाँ क्यों ले जा रहे हो ! यहीं रहने दो न।"

"नहीं कुसुम—मेरा जाना ज़रूरी है—और चरन मेरे बग़ैर रह नहीं सकता..."

"पहले तो, एक बार रह गया था, मेरे पास..."

"पहले भी तो इसी तरह रोक लिया था तुमने, और जानती हो क्या हुआ था..."

"जानती हूँ—इस बार वह भूल नहीं करूँगी—मैं साथ चलने को नहीं कहूँगी।"

"मैंने साथ ले जाने से इनकार थोड़े ही किया था, भूल सिर्फ़ इतनी हुई थी, कि ख़ुद नहीं आ सका। और जवाब में जो चूड़ियों के टुकड़े भेजे थे तुमने..."

"मैंने भेजे थे...?"

"कुंज भैया ने सही—लेकिन उसका क्या असर हुआ माँ पर जानती हो..."

"जानती हूँ—और मुझ पर जो बीती है, वह तुम नहीं जानते..."

"कुसुम, मैं तुम्हें कैसे समझाऊँ कि मैं क्यों नहीं आ सका। गाँव की जो हालत थी वह..."

"मैं वह भी जानती हूँ..."

"फिर भी मुझसे शिकायत है तुम्हें ?"

"मैंने कब शिकायत की ?"

"फिर क्यों न चली आईं ?"

"किसके पास चली जाती—स्वीकार-अस्वीकार करनेवाली तो माँ हैं—और माँ के शहर जाने की ख़बर मुझे मिल गई थी। इसलिए रुक गई—माँ की इच्छा में बाधा नहीं डालना चाहती थी। जब से महामारी फैली है बादल गाँव में, तुम्हारी चिन्ता लगी हुई थी। लेकिन क्या करती—कल मन्नू को कहलवाया था—आज आते हुए कम-से-कम चरन को साथ ले आए !"

"मन्नू की ख़बर नहीं मिली...तुम्हें..."

"मन्नू की...क्या हुआ उसे...?"

"मन्नू...विधवा हो गई..."

यह सुनकर कुसुम सन्न रह गई और दूसरे पल फूटकर रो पड़ी।

"नहीं...नहीं...!!"

"कुसुम...!!"

बृन्दाबन कुसुम को समझाने लगे तभी कुंज कम्बल ओढ़े बरामदे में आकर खड़ा हो गया और खाँसने लगा।

डॉक्टर बाबू कुंज को बीमार देखकर, उसकी तरफ़ मुड़े।

"कुंज भैया...कब से बीमार हैं...?"

कुंज खाँसता रहा।

"कोई छह-सात रोज़ से..."

"आपको तो तेज़ बुख़ार है। चलिए आराम कीजिए, चलिए अन्दर, मुझे घर से निकालना है तो बाद में निकाल लेना–पहले अपना इलाज तो करवा लीजिए–आइए..."

और डॉक्टर बाबू कुंज को पकड़कर अन्दर ले गए। बिस्तर पर लिटाकर डॉक्टर बाबू उसे चेक करने लगे।

"दवाई क्या ली...?"

"कुसुम कुछ पुड़िया ले आई थी, लेखराज से..."

कुंज वह पुड़िया डॉक्टर को दिखाता है।

"बहुत समझदार हो गई है कुसुम..."

डॉक्टर बाबू ने चेक किया...और थर्मामीटर निकालकर मुँह में लगा दिया।

"भगवान का शुक्र है–वह नहीं है, जिसका मुझे डर था। इंजेक्शन दिए देता हूँ !"

डॉक्टर बाबू का बैग बाहर आँगन में ही पड़ा था। उसको लेने गए, तो क्या देखा कि बाहरवाले दरवाज़े पर अन्दर से किसी ने ताला लगा दिया है।

कुसुम रसोई के दरवाज़े से झाँककर देख रही थी। डॉक्टर बाबू ने उसे देख लिया और पूछा :

"यह ताला क्यों लगाया है कुसुम...? मुझे जाना होगा—बाहर गाड़ीवान मेरा इन्तज़ार कर रहा है।"

"गाड़ी मैंने वापस भेज दी है—इस महामारी में, मैं आपको वहाँ नहीं जाने दूँगी।"

इतना कहकर कुसुम चरन के पास चली गई जहाँ वह सो रहा था। डॉक्टर भी उसके पास आ गया और कहा :

"तुम हमेशा ज़िद कर लेती हो...और मैं मान जाता हूँ, इस बार यह भूल नहीं करूँगा।"

"मैं चरन को छूकर कहती हूँ—मैं अपने स्वार्थ के लिए नहीं रोक रही हूँ आपको—लेकिन इस महमारी में, कैसे जाने दूँ तुम्हें—वहाँ घर में कोई भी तो नहीं है। कौन ख़याल रखेगा...? माँ शहर से आ जाए, फिर एक पल के लिए भी नहीं रोकूँगी। दोनों चले जाना..."

कुसुम अपने दुःख से रो पड़ी।

"पाप पड़े मुझ पर, जो एक बार भी कुछ कहूँ...!"

कुंज के खाँसने की आवाज़ आई। डॉक्टर बाबू को याद आया, कुंज को सुई लगानी है।

"उठो...पहले कुंज भैया के लिए, पानी गरम कर दो..."

डॉक्टर कुंज के कमरे में गया—कुसुम ने तकिए के नीचे से कुंजी निकाली और अपनी साड़ी में बाँध ली।

46

सुबह डॉक्टर बाबू को अपना दवाई का Box न मिला तो पूछा :

"ज़िद मत करो कुसुम...बताओ कहाँ रखा है बॉक्स...?"

"पहले वचन दो—रात बादल गाँव में नहीं रुकोगे—"

"अब चरन को तो छोड़कर जा रहा हूँ...और क्या चाहती हो...?"

"रात को चरन के पास आ जाना—चाहे जितनी देर से आओ...मैं वचन देती हूँ...काम पर जाने से नहीं रोकूँगी।"

"ठीक है—अब बताओ बक्सा कहाँ है...?"

"पहले सौगन्ध खाओ...चरन की सौगन्ध है...!!"

"तुम्हारी सौगन्ध खाता हूँ...!!"

इतना सुनते ही कुसुम ने डॉक्टर बाबू की तरफ़ देखा और उसकी आँखें भींग गईं। डॉक्टर ने दोहराया :

"तुम्हारी सौगन्ध मैं लौट आऊँगा..."

कुसुम की आँखें भर आईं। उसने दवाईवाला बॉक्स निकालकर सामने खिसका दिया। उसकी आँखों से आँसू वहीं ज़मीन पर गिरते रहे।

47

गाँव में लोगों को डॉक्टर बाबू सुई लगा रहे थे और बे-ख़्याली में बार-बार मुँह से बिरजू का नाम निकल आता था।

"दूसरी सुई तैयार कर लेना बिरजू..."

अपने आपसे बड़बड़ाए।

"यह क्या हो गया है मुझे..."

48

कुसुम ने डॉक्टर के हाथ-पैर धोने के लिए बाल्टी और अँगोछा रख दिया—डॉक्टर बाबू जूते निकालकर हाथ-पैर धोने लगे। कुसुम ने लाकर चप्पल रख दी और जूते उठाकर जाने लगी तो डॉक्टर बोले :

"अरे—अरे, यह क्या कर रही हो ?"

कुसुम जूते उठाकर, जहाँ रखे जाते हैं, वहाँ रख आई और फिर डॉक्टर के पास आकर कहा :

"इतने हैरान क्यों हो रहे हो ? क्या किया है मैंने...?"

"जूते क्यों उठाए तुमने ?"

"तो क्या, यहाँ चमड़ा पहनकर बैठोगे खाने के लिए...?"

"लेकिन, हाथ से उठाने की क्या ज़रूरत थी...?"

"लो हाथ धुला दो...मैले हो गए...!"

डॉक्टर बाबू कुसुम के हाथ धुलाने लगे।

"नौकरानी तो नहीं हूँ आपकी ! लेकिन, इतना काम, कोई भी घर आए मेहमान का कर देता है...!"

कुसुम वापस रसोई में चली गई।

49

रसोई में कुसुम डॉक्टर बाबू के लिए खाना निकाल रही थी, जब डॉक्टर बाबू आकर एक पीढ़े पर बैठ गए। तभी चरन आता है।

"बाबा—मैं भी खाऊँगा तुम्हारे साथ..."

"तूने अभी तक खाया नहीं...?"

कुसुम ने उसे टोका।

"अरे तू तो कह रहा था, मेरे साथ खाएगा...!"

"तुम्हारे साथ भी खा लूँगा...!"

चरन बाबा के पास पीढ़ा लगाकर बैठ गया।

डॉक्टर बाबू ने थाली उसके क़रीब कर दी।

"चल ले..."

कुसुम ने कहा :

"भैया को दवा देकर आती हूँ..."

"कुछ खाया कि नहीं कुंज भैया ने...?"

"खिचड़ी खिलाई थी...!"

कुसुम गई तो चरन ने कहा :

"बाबा मैंने—खिचड़ी भी खाई थी।"

"साले...बड़ा पेटू है तू...!"

"बाबा...तुम गाली दे रहे हो...?"

"बेटे सॉरी, ग़लती हो गई...मैं तुम्हें गाली नहीं दे रहा था..."

"तो फिर किसे दे रहे थे...?"

"वो कुंज भैया हैं न...उसे दे रहा था..."

"कुंज भैया क्या कोई साले हैं...?"

"चुप करके खाना खा !"

50

कुसुम कुंज के पास पानी लेकर आई, दवाई खिलाने के लिए।

"उन गोलियों से आराम तो काफ़ी पहुँचा है। अच्छे डॉक्टर हैं बृन्दाबन..."

गोली को देखकर।

"यह पीसकर नहीं खा सकते...?"

"नहीं..."

"चबाकर भी नहीं खा सकते...?"

"नहीं..."

"एक बार पूछ लो बाहर..."

"ऐसे ही निगलना होता है।"

"अच्छा...!"

कुंज बड़ी मुश्किल से गोली निगलता है। कुसुम फिर रसोई की तरफ़ चली गई।

रसोई में बाप-बेटे एक ही थाली में खाना खा रहे हैं—कुसुम कलछी से निकालकर और चावल देने लगी।

"नहीं..."

"थोड़े से..."

"और नहीं चाहिए..."

"बाबा, माँ को बता दूँ ?"

"क्या...?"

"वह जो तुम गाली दे रहे थे...?"

"चुप बे—मैंने कब गाली दी...?"

"तुमने, मामा को साला नहीं कहा था...?"

कुसुम मुस्कुराई। डॉक्टर ने थोड़ा मुस्कुराकर कहा :

"बहुत पाजी है यह ससुरा...!"

"बाबा फिर तुमने गाली दी—मैं नहीं खाता तुम्हारे साथ..."

"मत खा—कद अँगूठे भर का और ज़बान हाथ भर लम्बी..."

कुसुम मुस्कुराती रही—डॉक्टर बाबू हाथ धोने बाहर चले गए—डॉक्टर की थाली में, कुसुम ने अपने लिए भी खाना डाल लिया।

"बाबा का जूठा क्यों खाती हो—मत खाओ उनकी थाली में।"

"चुपकर न, चिल्लाता क्यों है? बाबा सुन लेंगे तो.."

"फिर उनकी थाली में क्यों खाती हो ?"

"मेरी मरज़ी—तू क्या मेरा ससुरा लगता है...?"

"अरे—तुम भी गाली देती हो...! मैं तुम्हारे साथ भी नहीं खाता...!!"

चरन उठकर भाग गया—बाहर खड़े डॉक्टर बाबू उनकी बातें सुन रहे थे।

देर रात, घर के आँगन में डॉक्टर बाबू की चारपाई बिछा दी गई। चरन उनके लिए पानी लेकर आया है। और एक मूढ़ा भी है, जिस पर रखने लगा, डॉक्टर बाबू ने पूछा :

"यह क्या कर रहा है ?"

"पानी दिया है माँ ने..."

"अच्छा, बड़े काम करता है माँ के..."

"हमारी आपस की बात है—वह भी तो, मेरे बहुत काम करती है।"

"हूँ !"

बृन्दाबन हँस दिया। और चरन भाग गया कुसुम के पास।

51

कुसुम के घर के बाहर बैलगाड़ी खड़ी थी। गाड़ीवान बैठा था। कुसुम कुछ खाने-पीने का सामान लेकर आई, और गाड़ीवान को दे दिया।

''नमस्ते दीदी...''

''नमस्ते, सुनो, बाहर कौनो चीज़ नहीं खाए का दिया। तुम ज़रा ख़याल रखियो, पानी भी पिये का नाहीं दिए, हाँ।''

डॉक्टर बाबू जाने लगे। बाहर के दरवाज़े पर कुसुम ने पूछा :

''शाम को जल्दी आओगे ?''

''क्यों...!''

''चरन का जी घबराने लगता है...''

''जल्दी लौट आऊँगा...''

डॉक्टर बाबू गाड़ी पर बैठकर चले गए। कुसुम उनको जाते हुए देखती रही। चरन कमरे से निकला और कुसुम से पूछा :

बाबा चले गए ?''

चरन ने कुछ छुपाया हुआ था।

क्या है...दिखाओ...''

''चिट्ठी है...''

कुसुम ले लेती है।

''बाबा ने कहा था—मैं चला जाऊँ, तो माँ को दे देना...''

कुसुम ने चिट्ठी खोली, उसमें कुछ रुपए थे और एक चिट्ठी थी।

''क्या लिखा है बाबा ने...?''

''कुछ नहीं तुम जाओ...''

चरन चला गया—कुसुम चिट्ठी पढ़ने लगी,

लिखा था :

"कुछ पैसे मैं तुम्हारे लिए छोड़ के जा रहा हूँ। तुम बहुत अभिमानवाली हो—बुरा न मानना। कुंज भैया भी बीमार हैं, तुम्हें पैसों की ज़रूरत होगी, स्वीकार कर लेना।"

कुसुम के चेहरे पर मुस्कुराहट आ गई।

डॉक्टर बाबू एक मरीज़ को देख रहे थे। सुई लगाते ही मुँह से निकला :

"बिरजू—घर से और इंजेक्शन ले लेना।"

फिर ख़याल आया—जिसको बार-बार बुलाता हूँ वह तो है ही नहीं, वह तो इस महामारी में मारा गया है।

52

कुसुम चौधराइन के घर से सूप में कुछ ले जा रही थी। चौधराइन ने पीछे से आवाज़ दी :

"कुसुम—जा रही है...? कुछ खाएगी नहीं...?"

"मेरा तो व्रत है आज..."

"आज—ओह—करवा चौथ का व्रत रखा है...?"

कुसुम कुछ बोली नहीं।

"तभी बृन्दाबन यहीं है...?"

"हाँ..."

"कुंज कैसा है...?"

"पहले से अच्छे हैं भैया।"

"बृन्दाबन बादल गाँव नहीं गया था...?"

"जाते हैं—सारा दिन वहीं दवाख़ाने में रहते हैं—बस रात को लौट आते हैं, क्योंकि—चरन उनके बग़ैर नहीं रहता..."

"तेरे पास भी नहीं रहता चरन ?"
"रह तो जाता है लेकिन—मैंने चरन से ज़िद करवाई थी—और उन्हें अपने यहाँ रोक लिया था। मेरा मन नहीं मानता था—इस महामारी में वहाँ जाकर ठहरें।"
"अच्छा किया—और क्या पता, जाते-जाते, तुझे भी साथ लेता जाए..."
"वह तो अब नहीं होगा—मैं जानती हूँ..."
"क्यों ?"
"बड़ी माँ शहर गई हुई हैं, उनका रिश्ता पक्का करने..."
"तुझे किसने बताया...?"
"मुनीम जी ने !...जब वो चरन को छोड़ने मेरे यहाँ आए थे।"
"फिर भी तूने रोक लिया उसे..."

कुसुम की आँखें भर आईं।

"दान में हीं कुछ दिन मिले हैं उनके पास रहने के लिए। वो भी मेरे तो नहीं—लेकिन शायद—फिर कुछ नहीं मिलेगा जीवन में।"

इतना कहकर आँसुओं को पोंछती हुई कुसुम चली गई।

53

दवाखाने में बृन्दाबन ने कुछ दवाइयाँ आलमारी से निकाल कर अपने हैंडबैग में रखीं। जाने लगा कि समाने से आते मुनीम जी मिल गए—डॉक्टर बाबू देखकर बोले :

"आप...? क्यों चले गए थे...आप ?"

"मैं शहर चला गया था...माँ ने वापस भेज दिया है। शादी की तैयारी के लिए। माँ कल आ रही हैं।"

डॉक्टर मुनीम को देखता ही रह गया।

"लड़कीवालों के साथ..."

उसकी पूरी बात सुने बग़ैर बृन्दाबन वहाँ से चला गया।

54

रात का वक़्त था, करवा चौथ का व्रत रखा था कुसुम ने आज। एक थाली में पानी लिये, उसमें चाँद देखने लगी थी। चाँद की जगह डॉक्टर बाबू का चेहरा दिख गया।

मुड़के डॉक्टर बाबू को देखा, जो बाहर से आकर अभी खड़े हो गए थे। कुसुम ने थाली ज़मीन पर रख के, डॉक्टर बाबू के पैर छूए।

"पूजा कर रही थीं ?"

"करवा चौथ का व्रत रखा था मैंने..."

और बग़ैर कुछ सुने कुसुम वहाँ से चली गई। डॉक्टर बाबू उसे देखते ही रहे।

रसोई में ज़मीन पर पीढ़ा रखकर डॉक्टर बाबू खाना खा रहे हैं। पास बैठा चरन थाली को उल्टा करके उसको लकड़ी से बजा रहा था। कुसुम ने कहा :

"थाली दो बेटे..."

"यह थाली थोड़े है, यह तो नगाड़ा है, दूसरी थाली में दे दो..."

तभी कुंज, जो कुछ ठीक हो गया है, रसोई में

खाना खाने आ गया।

"आइए कुंज भैया...आज बहुत ताज़ा-ताज़ा लग रहे हैं दाढ़ी-वाढ़ी की है इसलिए...?"

"दाढ़ी से थोड़े भाई साहब...आपकी दवा खाने से ताज़ा लग रहा हूँ..."

"आज दवा ली थी...?"

"अब का है कि दवा–कल से तो फेरी पे भी जा रहा हूँ..."

"आप फेरी-वेरी पे नहीं जा रहे हैं !...चार-पाँच रोज़ आराम करें–दवा जारी रखिए, कहीं बुख़ार फिर हो गया तो...?"

कुसुम कुंज के लिए खाना निकाल रही थी।

"अच्छा।"

कुसुम ने चरन से थाली माँगी।

"थाली दो..."

"कहा न दूसरी थाली में दो..."

डॉक्टर बाबू ने चरन को डाँट दिया।

"कहाँ से आएगी दूसरी थाली–चलो इसी थाली में खाओ, दो..."

"हर वक़्त डाँटते रहते हैं..."

चरन जिस लकड़ी से बजा रहा था उसे थाली पे फेंक दिया।

"मैं नहीं खाता तुम्हारे साथ..."

कुंज ने पकड़ना चाहा।

"अरे..."

चरन उठकर गया बाहर–कुंज हँसने लगता है, कुसुम बोल पड़ती है।

"ऐसे ही नाराज़ कर दिया बच्चे को, मैं लेकर आती हूँ..."

कुसुम बाहर चली गई और डॉक्टर बाबू ने कुंज

से कहा :

"कुसुम के लाड़ ने सिर चढ़ा दिया है इसे। कल घर जाएगा तो माँ को तंग करेगा..."

"कल घर जाएगा मतलब...? कल जा रहे हैं आप ?"

"हाँ...माँ कल आ रही है...इसलिए जाना होगा।"

"कुसुम को मालूम है...?"

"नहीं...अभी नहीं बताया...सोचा...कल ही बता दूँगा..."

कुंज किसी सोच में डूब गया।

55

डॉक्टर बाबू हाथ धो रहे थे तभी कुसुम जूठे बर्तन लेकर बाहर आ गई। डॉक्टर उसे कल जानेवाली बात कहना चाहते थे—पर वह तुरन्त चली गई। फिर डॉक्टर बाबू उसके पास आकर कहना चाहते थे, फिर वह कुछ और लेने रसोई की तरफ़ चली गई।

आख़िरकार डॉ. बाबू कुसुम के पास आए और कहा :

"कुसुम...माँ कल आ रही है।"

कुसुम की साँस जैसे रुक गई।

"मुझे जाना होगा..."

कुसुम चुपचाप उन्हें देखती रही।

"चरन को भी ले जाना है...?"

"हूँ..."

"सुबह, आपके साथ उसे भी तैयार करा दूँगी...!!"

इतना कहकर कुसुम घर में दूसरे काम से चली

गई—डॉक्टर बाबू और कुछ कहना चाहते थे पर कह नहीं पाए।

रात काफ़ी हो चुकी थी। आँगन में डॉक्टर बाबू लेटे थे। आँखों में नींद नहीं थी—खुले आसमान को देखते हैं—सामने के कमरे में खिड़की की ओट में कुसुम भी बैठी जाग रही थी—यह रात—कैसी रात है ?

"दो नैनों में—आँसू भरे हैं...
निंदिया कैसे समाए...?
डूबी-डूबी आँखों में...
सपनों के साये...
रात-भर अपने हैं
दिन में पराए
दो नैनों में
आँसू भरे हैं
निंदिया कैसे समाए...
झूठे तेरे वादों में
बरस बिताए
ज़िन्दगी तो काटी, यह
रात न जाए
दो नैनों में आँसू भरे हैं...
निंदिया कैसे समाए..."

डॉ. बृन्दाबन की आँखों में नींद नहीं थी—ज़मीन पर सोए-सोए कुछ लिखना चाह रहे थे तभी कुसुम की परछाईं उनके हाथों पर पड़ी। दरवाज़ा बन्द होने की आवाज़ आई।

सुबह की पहली किरण निकली। चारों तरफ़ कुसुम के घर में किरणें बिखर गईं। बाहर बैलगाड़ी पर बृन्दाबन सामान वगैरह रख रहे

थे। आज उन्हें अपने घर जाना था।

डॉक्टर बाबू कमरे से नहा-धोकर, तैयार होकर बाहर निकल रहे थे। दरवाज़े पर कुसुम खड़ी थी। कुसुम के क़रीब आकर बृन्दाबन रुक गए—एक पल चुपचाप देखते रहे—फिर सिर नीचे कर लिया और बोले :

"कुसुम! जी चाहता है, एक बार फिर तुम्हें साथ चलने के लिए कहूँ—लेकिन कहते हुए डर लगता है..."

कुसुम चुप रही।

"पता नहीं, क्या कमी है मुझमें, हर बार किसी-न-किसी वजह से तुमने न कह दिया..."

कुसुम ने डॉक्टर को देखा।

"वह क्या कमी है मुझमें, तुम बता सकती हो ?"

कुछ पल चुप रहने के बाद कुसुम ने कहा :

"हाँ—अधिकार की कमी है, आप में। जिस अधिकार से मैं रोक लेती हूँ—आपको—उसी अधिकार से चरन को रोक लेती हूँ मैं—वह अधिकार आप में नहीं है—वरना यहाँ रहनेवाली मैं कौन होती हूँ—क्यों नहीं इसी अधिकार से मेरा हाथ पकड़कर ले गए मुझे—क्यों मेरी ज़िद सुनते हो—क्यों मेरी हठ मानते हो—अपने अधिकार से क्यों नहीं तोड़ देते मेरा अहंकार..."

कुसुम सारी बातें रोते-रोते कह गई। डॉक्टर बृन्दाबन को लगा कि उसे किसी ने पहली बार उसके अधिकार बताए हैं—वह खड़ा रहा। बैलगाड़ी में बैठा चरन दौड़ा आया बाबा के पास और कहा :

"बाबा...! माँ ऐसे नहीं जाएगी..."

उसने सिन्दूर की डिबिया जेब में रखी हुई थी। उसे निकालकर बोला :

"यह माँग में डाल दो, तब जाएगी...!"

कुसुम और डॉक्टर ने एक-दूसरे को हैरत से देखा...चरन फिर बोला :

"बाबा...डाल दो न..."

बृन्दाबन ने उस डिबिया से सिन्दूर की चुटकी भर ली और आगे बढ़कर कुसुम की माँग में डाल दी। उस वक़्त कुंज कमरे से निकलकर बरामदे में आ खड़ा हुआ और वहीं से बोला :

"इस बार मुड़ के मत देखना बहन–जा–इस आँगन को पराया कर दे–जा बहन अब अपने पति के साथ चली जा..."

कुसुम ने भाई की बात सुनकर, डॉक्टर बाबू के पैरों पर झुककर प्रणाम किया और मन्नू की शादी के बोल उसकी अपनी आवाज़ में गूँजे :

"जिस आँगन में खेली थी, जिस आँगन में पली थी, यह तेरा घर था बाबुल, मेरा नहीं, जो खाया-पिया था वह लौटा के जा रही हूँ। इस घर का कोई कर्ज़ मेरे साथ नहीं...इस घर के लिए मैं आज से पराई हो गई।"

कुसुम ने जो घर की चाबियाँ अपनी साड़ी के पल्लू से बाँधी हुई थीं, खोल के, बग़ैर पीछे देखे भाई की तरफ़ फेंक दीं–और बृन्दाबन का हाथ थामे घर से बाहर खड़ी बैलगाड़ी में जा बैठी।

बैलगाड़ी उन लोगों को लिये हुए तेजी से बादल गाँव की तरफ़ दौड़ ली।

फ़ेड आउट

ख़ुशबू

प्रोड्यूसर : प्रसन्न कपूर
कैमरा : के. वैकुंठ
साउंड : एस.एम. सूरतवाला
आर्ट : अजीत बेज़जी
एडीटर : वामन और गौरव
कहानी : शरतचन्द्र के नॉवेल 'पंडित मोशाय' पर आधारित
स्क्रीनप्ले, मुकाले और गीत : गुलज़ार
मौसीक़ी : आर.डी. बर्मन
हिदायतकार : गुलज़ार
सितारे : जितेन्द्र, हेमा मालिनी, दुर्गा खोटे, फ़रीदा जलाल, ओमपुरी और मास्टर राजू
मेहमान सितारा : शर्मिला टैगोर

●●●